無限競爭

無限痛苦的畸型社會：韓國

金敬哲——著　許乃云——譯

韓国　行き過ぎた資本主義

「無限競争社会」の苦悩

時報出版

前言

二〇一八年五月，是枝裕和導演的《小偷家族》在世界三大影展之一的法國坎城影展獲得金棕櫚獎。這是一部描繪爲了維持家人的生計，不得不四處行竊的貧困庶民生活的傑作。

隔年二〇一九年五月，韓國電影《寄生上流》在坎城影展獲得金棕櫚獎，同樣也是一部家庭劇。執導的奉俊昊導演以代表作《殺人回憶》而聞名世界。即使同爲家庭劇，與《小偷家族》不同的是，本劇著眼於貧困家庭與富裕家庭的反差。以黑色喜劇的方式來詮釋韓國人在日常生活中隨處可見的貧富差距。

尤其是主角及其家人居住的「半地下房」，是當今韓國社會貧困家庭的典型棲身之處，同時也是象徵窮人的代名詞。所謂的「半地下房」是指位於地面和地下室之間的居住空間。根據韓國的建築法規，如果房間地板到地面的高度超過房間高度的一半，屬於地下室，如果低於一半，則歸爲半地下房。與完全沒有窗戶的地下室相比，半地下房有著界於地上及地下的窗戶。半地下房的住戶透過這扇窗戶的上半部，看著家門前人來人往的腳步度日。

然而，這扇唯一與地下室不同的窗戶，如同電影《寄生上流》中所描繪，也是一扇帶來各種災難的窗戶。喝酒的醉漢會站在窗邊小便，或是發生洪水時，水從窗戶長驅直入流進房間。透過這扇窗，陽光照進半地下房的時間少得可憐。因此，房間總是很潮溼，發霉的氣味撲鼻而來。這半地下房的氣味，就是電影《寄生上流》所說的「窮酸味」。

根據ＩＭＦ（國際貨幣基金組織）的統計，韓國二〇一八年ＧＤＰ（國內生產總值）位居世界第十二名。全球ＧＤＰ前三名依序爲美國、中國及日本，而韓國約莫爲日本的三分之一。

韓國的ＧＤＰ世界排名第十二名，但韓國人的日常生活水平並沒有那麼高。聯合國相關機構在每年三月二十日「國際幸福日」所發布的「世界幸福排行榜」之中，二〇一九年韓國在一百五十六個國家中排名第五十四名。二〇一八年則是第五十七名。

同樣，總部位於巴黎的國際經濟合作暨發展組織（ＯＥＣＤ）所發布的「美好生活指數（ＢＬＩ）」中，二〇一八年韓國在四十個國家中排名第三十名。而韓國在這個指標上，二〇一四年爲第二十五名，二〇一五年爲第二十七名，二〇一六年爲第二十八名，排名逐年下降。

特別是「工作生活平衡」指數，表示休閒及個人活動所花費的時間和長時間勞動的百分比，韓國是第三十七名。而「共同體」指數，表示遇到生活困難時有人可以依靠的人均比，韓國則是敬陪末座，拿到最後一名（第四十名）。

韓國著名的自由派（意指韓國的左派）經濟學家、韓國發展研究所（KDI）國際政策研究院院長柳鍾一，於自由派（左派）媒體「PRESSian」投稿了以下的文章。

自從二十年前衝擊韓國的IMF危機以來，韓國社會最大的問題，就是兩極化所導致的「格差社會」。其實在此之前，兩極化的趨勢就已經開始，但在經濟危機之後，中產階級的崩潰和貧富差距擴大進展快速，這個問題就一下子變得更嚴重。今天的韓國社會，不僅是不平等的問題，更凸顯了財富及貧困的跨世代世襲。換句話說，跨世代的階層流動性下降，深化了社會上的機會不平等，無論再怎麼努力，都難以提升自己的社會階層，這就逐漸形成了「壁壘社會」。

確實，根據二〇一八年韓國權威智庫之一的現代經濟研究所發布的問卷調查結果，認爲「無論你怎麼努力，都難以提升自己的社會階層」的韓國人年年增加，二〇一三年爲二％，二〇一五年爲八％，二〇一七年爲八．四％。因此可以看出八十％以上的韓國人都認同柳鍾一博士所說的「壁壘社會」。

此外，二〇一九年六月由韓國衛生與社會科學研究所發布的「社會融合實況調查和對策研究」報告中可以看出，韓國國民對於韓國社會中存在的種種問題都感到「不平等」。具體來說，對於「法律執行」認爲平等的有二・五%，認爲不平等有五十九・三%。對於「就業機會」認爲平等的有十八・八%，認爲不平等有四十八・三%。對於「所得分配」認爲平等有八・七%，認爲不平等的有五十五・六%。對於「財富分配」認爲平等的有七・八%，認爲不平等的有五十八・四%。對於「區域發展」認爲平等的有九%，認爲不平等的有五十・九%。對於「女性待遇」認爲平等的有二十・二%，認爲不平等的有三十五・五%。從上述的結果顯而易見的是，「不平等」的感受幾乎充斥在所有社會問題上。

另外此報告內也看出，居然有八十・八%的韓國人認爲「人生要能成功，重點是出身富裕家庭」；有六十六・二%的韓國人認爲「在韓國要出人頭地，只能同流合污」。這再再顯示，韓國社會的矛盾已經到達臨界點。

眾所周知，從二〇一九年夏天起，文在寅政權在韓國開始實施反日政策。但其實在韓國社會內，撇開「日本」的因素，民眾對社會階級懸殊的「不滿情緒」也早已達到氾濫的地步。

這可以說是韓國近代史的「人禍」。一九四八年成立的大韓民國發展迅速，被譽爲「漢江奇蹟」。韓國在建國後，韓戰立即爆發（一九五〇—一九五三），全國在戰後成爲廢墟。

朴正熙政府於一九六一年發動軍事政變後上臺，八年的獨裁統治中，由政府強力主導的經濟成長政策，爲韓國經濟奠定了基礎。一九六五年，實現與日本的邦交正常化，日本提供無償三億美元、有償二億美元的經濟合作，做爲殖民時期的賠償金。從朴正熙、全斗煥到盧泰愚的軍政府，三十年內韓國經濟以平均九．四％的速度持續成長，人均國民收入（GNI）從一九五三年僅六十七美元，到二〇一八年突破三萬美金。如前所述，根據國際貨幣基金組織公布的數據，韓國二〇一八年的GDP位居全球第十二位。

韓國經濟在過去六十五年中成長了約四百七十倍，相對西歐經濟發展經歷了數百年，韓國的發展過程壓縮到僅有幾十年。但這種異常的「壓縮成長」也帶來了很大的副作用。

韓國代表性知識分子金振京對韓國經濟的壓縮成長看法如下。

> 日本在明治維新之後，將西歐三百年的現代化歷史，壓縮在一百年內實現，韓國則是在一九六〇年代後的三十年內，實現了西歐的三百年經歷。稍爲誇張地說，在這樣的速度下，經歷了這麼瘋狂的變化，簡直就像是以三十年的生物時間經歷了三百年的歷史。
>
> 當韓國以驚人的速度模仿西歐的過程中，無法自我省思，也認爲自省是非必要的事。

韓國式「壓縮成長」的本質在於效率。韓國分配有限的資金和資源，以效率爲第一優先。具體來說，政府對攜手合作的財閥極爲慷慨，因而造就了「韓國企業體制」的壟斷市場。雖然建立了經濟成長的「骨架」，但並沒有形成如同日本中小企業或本土企業的「細胞」。因此，經濟無法順利地「血液循環」，財富集中的問題就浮現出來。同時，「成長第一主義」的想法，讓韓國人普遍認爲「成功最重要，爲達目的不擇手段」，也因此墮入扭曲的競爭主義之中。

一九九七年底衝擊韓國的「IMF危機」，讓韓國人意識到他們的社會很「怪異」。所謂「IMF危機」，是韓國政府在面臨金融崩潰危機之時，國家以簽署協議的方式，交出國家財政的「主權」以換取IMF的資金支持。

隔年一九九八年二月上任的金大中總統，在就職演說中向韓國人民呼籲：「如果我們失敗，我們將面臨國家破產的危機。我們負債累累，每天都得汲汲營營地償還一波又一波即將到期的外債，眞的非常痛苦。韓國之所以能倖免於難，是因爲有國人團結一心的努力，國際貨幣基金組織、世界銀行、亞洲開發銀行的援助，以及美國、日本、加拿大、澳大利亞、歐盟國家等友好國家的幫助。接下來的一年內，物價會上漲，失業率也會增加，收入會減少，企業破產會層出不窮。現在我們需要大家共同分擔這份汗水、淚水及痛苦。」

金大中政權上臺時，以「民主主義與市場經濟並行發展」爲口號，倡導「大中經濟學（DJnomics）」。他認爲導致經濟危機的根本原因，就是持續了三十多年的政商合一與貪污腐敗等道德風險。如果要改善，政府不該自由放任，而是採取積極作爲，落實經濟政策。換言之，爲了實現公平競爭，政策的核心應制訂市場規則，監控市場，並創建一個只要靠個人的努力及能力，就可以得到合理報酬的制度。然而實際上，金大中政府只實施了新自由主義政策，如開放資本市場、放寬國家監管、公營企業民營化、勞動市場的靈活化和強制裁員等。

通過這種方式，金大中政府雖然是韓國第一個自由派（左派）政府，卻推行了比ＩＭＦ國際貨幣基金組織的要求還要強力的新自由主義經濟改革。金大中總統甚至被美國戲稱爲「ＩＭＦ首爾分行行長」。

由於金大中政權的「猛藥療法」，過了三年八個月後，二〇〇一年八月三日，韓國提前償還了從國際貨幣基金組織借來的資金，重新取回了經濟主權。然而諷刺的是，在這個過程中，韓國社會的兩極化和所得不均變得更加嚴重。尤其是打著「共體時艱」名義所推行的企業裁員、勞工派遣制度等勞動市場彈性政策，導致了中產階級的崩壞。

企業大規模的裁員造成超過四百萬人失業，即便像三星、現代及ＬＧ這類首屈一指的財閥企業，也打破了「應屆畢業入社，就可以安心做到退休」這種不成文的終身雇用制度。

另外，法律允許聘僱兼職工或人力派遣等非正式員工，「八八世代」（一九八八年舉辦首爾奧運，月收入八十八萬韓圜＝約二萬零二百四十新臺幣）的自嘲用語還成爲當時的流行語。

目前，超過二十％的韓國就業人口，大約四十％的大公司員工都是非正式員工，這是一個嚴重的勞工問題。雖然金大中政權以劇烈的新自由主義經濟改革，治癒了所謂韓國「急性疾病」的ＩＭＦ危機，但也帶來了「嚴重的後遺症和慢性病」。那就是社會的兩極化及社會階層的根深蒂固。

仔細想想，韓國最近的流行語中，自嘲用語比過去多了很多。像是「地獄朝鮮」、「湯匙階級論」、「Ｎ拋世代」等。如果您瞭解這些用語的含義，稱得上是韓國通。「地獄朝鮮」的意思是「有如地獄般的韓國社會」。之所以用「朝鮮」而不是「韓國」，是因爲它含有諷刺意味，「像朝鮮時代（十四世紀至二十世紀初）那樣的非現代國家」。

「湯匙階級論」中的「湯匙」，隱喻出生家庭的經濟實力。如果含著「金湯匙」出生，一生都會很富有。如果不是的話，也就意味著一生都將貧困。

「Ｎ拋世代」是以二〇一一年出現的「三拋世代」一詞衍生而來的。意指年輕一代，因爲貧窮而不得不拋棄人生中三件重要的事情：愛情、婚姻和生育。但是，最近由於「必須拋棄的東西」不只三種，因此將「三」改爲不定數的「Ｎ」，戲稱爲「Ｎ拋世代」。

日本目前的高就業率與泡沫經濟時代相當。然而，韓國社會面臨史上最慘的就業率，比「IMF危機」噩夢時代還要低。因此，許多年輕人別無選擇，只能靠非正職或兼差工作過活。所謂薪貧族的問題日趨嚴重。

即使是正職員工，公司一旦陷入衰退，也可能隨時被裁員。因此，成爲不用擔心被裁員的公務員，是韓國孩子們最大的夢想。國家未來主人翁的孩子們，卻只想著「我將來要當公務員」，這眞實的反映了社會形勢的嚴峻。

韓國對教育的狂熱舉世聞名，痛苦程度卻也日趨嚴重。韓國人普遍認爲，只要能夠考上一流的大學，畢業後就能找到一份穩定的工作。因此，韓國的父母把自己的孩子逼進了嚴酷的教育地獄。

韓國的兒童幸福指數是OECD組織成員國中最低的。根據韓國保健福祉部二〇一八年的統計，韓國小學生的生活滿意度爲六．六分，遠低於OECD組織平均的七．六分。此外，韓國兒童每天與父母相處的時間僅有四十八分鐘。OECD組織成員國的平均時間爲二小時三十分鐘。

另一方面，中年男性則害怕「組織調整」這個詞，也就是所謂的裁員。職場上的中年男性爲了擠出孩子的高額學費，不得不拚命忍受工作中發生的一切。還必須同時撫養尚未經濟獨立的成年子女與年邁雙親，此一「雙重照顧問題」也是沉重的負擔。

韓國是一個儒教國家，自古就有著根深蒂固的敬老文化，被外國投以羨慕的眼光，認爲「世界上老人最幸福的國家」。但時至今日，層出不窮的「貧窮老人」現象，已經成爲重大的社會問題。

韓國老年人的貧窮比率來到四十五．七%，是OECD成員國中最高的。將成長視爲第一原則的「漢江奇蹟」，背後的是不斷延遲的社福政策。社會保險體系的建構大幅拖延，不少老人退休後仍繼續打工度日。韓國於一九八八年開始實行國民年金制度，直到一九九九年，才讓上班族、自營業等全體國民加入國民年金。

韓國是一個超級懸殊的社會，由少數人生勝利組和其他市井小民分立兩端。在這裡，政府推動過度的新自由主義政策，讓每個世代都被迫進行無止境的競爭。在不久的將來，這可能也會蔓延到包括日本在內的世界各地。本書將完整呈現韓國處於資本主義最前線的眞實面貌。

第一章　過於殘酷的考試競爭與大峙洞孩子

1 大峙洞孩子與經紀人媽媽

韓國上流階級聚集的區域「江南」

廣爲人知的名人區「江南」，位於貫穿首爾市中心的漢江東南部，與瑞草區、松坡區合稱「江南三區」。此區文化及商業設施雲集，地價居冠。名門國高中也集中於此，是首爾中相當特殊的區域。「住在江南」就代表了一種身分地位。

這一帶雖然統稱「江南」，但各地區也有其不同的面貌。例如，金字塔頂端前一%韓國上流階級雲集的清潭洞，世界頂級精品店林立，爲著名的財富及時尚薈萃之地。住在此區的年輕貴婦個個打扮精緻入時，人稱「清潭洞貴婦時尚」，是韓國年輕女性的憧憬對象。狎鷗亭洞及新沙洞則匯集了全韓國七十五%的整形外科診所，美容美髮店也集中於此，而有「Beauty Belt 美容帶」之名，不僅韓國人趨之若鶩，許多外國人也慕名到訪。「狎鷗亭美女」或「江南美人」這些意指人工美女的新名詞也因此而生。被稱爲「首爾矽谷」的三成洞，則是掌握韓國經濟命脈的心臟，韓國屈指可數的大企業或有名的新創公司總部大樓櫛比鄰次，貫穿此區中心的德黑蘭路也被稱爲「德黑蘭谷」。

明星高中及國中林立的江南，是全韓國最熱衷子女教育的地區，也被稱爲教育特區。其中，被稱爲「韓國第一私教育區」的大峙洞，在三．五三平方公里的狹小範圍內，聚集了一千多所補習班和升學班。乍看之下，公寓大廈和商業設施林立的街景，與江南其他區域並沒有太大差別。但這區域的主角既非美麗的年輕貴婦或單身女性，也不是電子資訊業的上班族。而是被稱爲「大峙洞孩子」的高、中、小學生。爲了擠身韓國金字塔頂端的○．一％，大峙洞的孩子們在此忍受全球僅見的私教育猛烈風暴（韓國「公立教育」是指學校教育，「私教育」是指在補習班或升學班等接受的課外教育）。

在大峙洞，隨處可見小學生背著相當於自身體重三分之一的書包，穿梭在各補習班，國中生剛入學就必須同時開始準備考大學，高中生在違法進行深夜教學的補習班上課上到凌晨。然而，這些孩子們的日常，並不僅限於大峙洞地區。這是被過度私教育摧殘的韓國青少年全體的生活樣貌。生來就以考上重點大學爲「最高使命」，大峙洞的孩子們從小接受過度的私教育，也象徵韓國青少年必須活在超級競爭的社會之中。

創造教育熱的江南神話

一九六〇年代的首爾，聚集了來自全國各地的人們，市區呈現飽和狀態。人口快速的增長，引起了包括居住困難在內的各種城市問題，尤其在安全方面，更對首都防禦帶來嚴重的問題。這是因爲人口及主要設施都集中在江北（漢江以北），距南北韓停戰線僅四十公里。當時的朴正熙政府決定分散首爾市中心的功能。最後選定位於漢江東南部的江南做爲搬遷的目的地。

一九六三年一月一日，首爾的行政區域重新劃分，江南併入首爾。時序進入一九七〇年代，江南地區原本爲田野廣布的典型農村，開始發生巨大的變化。京釜高速公路、地鐵二號線、德黑蘭路等路線開通，交通基礎建設逐漸完成。江南各地被指定爲禁止建造獨棟住宅的「公寓大廈區」，因此形成公寓大廈林立的大型公寓村。另外政府也採取各種措施促進江南發展，例如興建「江南高速巴士總站」，整併分散在江北中心區各處的高速巴士站；將江北中心區域的紅燈區遷移到釜高速公路旁，鄰近新沙站附近。

但推動人口遷移到江南的決定性政策是搬遷知名高中。自一九七六年開始，將分散在舊都心的名校紛紛遷往江南。以韓國首屆一指的名校京畿高中爲首，共有十五所名校搬遷至江南。爲了遏止升學過度競爭，首爾制定了「學群制」與「高中平準化」政策並行。首爾的學校被分爲十一個學群，國中畢業生原則上會升上同一個學群的高中。被分類爲「第八學群」的江南區，由於名校集中，熱衷子女教育的富裕家庭紛紛遷居此處，進而成爲江南發展的原動力。

「私教育首善之地」大峙洞的誕生

然而，上述並未立即觸發江南地區補習班的盛行。因爲全斗煥政權（一九八一—一九八八）強硬推行遏止私教育的政策，例如禁止在校學生參加課外補習等。全斗煥卸任後的一九八九年，課外補習解禁，補習班和升學班開始在江南一帶如雨後春筍般林立。大峙洞週邊的開發雖晚於狎鷗亭洞和清潭洞，但補習街至此也已然成形。

然而，此時的大峙洞補習班，還沒攀升到私教育的「頂點」。因全斗煥政府頒訂「在校生課外補習禁止法」，補習班改以重考生爲招生對象，使首爾附近通學方便的首爾站及鷺梁津一帶，因而成爲私教育盛行的代表區域。

到了一九九〇年代初期，出現了規模比綜合入學考補習班（升學班）還小的「專科補習班」。這是以高、中、小學生爲招生對象開設的單一科目補習班。尤其在富裕的江南地區，這類打著「少數菁英」的名號、收取高昂費用的補習班很受歡迎。他們以小班制、專門指導特定科目、進而管理學生升學計畫的方式經營。從大學開始就在大峙洞活躍了二十多年的明星數學講師李俊證實，一九九〇年代後期，大峙洞的補習班盛況開始超越鷺梁津。

「當時是ＩＭＦ管理之下，很難找到工作的時代，所以許多在江南兼職做家教的大學生，畢業後就投身補習班當講師。也常常有被裁員的上班族轉跑道，成爲補習班講師。教得好的話，大峙洞的補習班講師們收入是普通上班族的二～三倍，也因此成爲名校大學生的求職熱門目標。結果到了一九九〇年代後半，大峙洞在講師水準和收入方面都達到了補習班界的頂峰。」

然後，二〇〇〇年左右正式出現的「in（ternet）-course」（網路課程），更將江南補習班的地位提升到另一個層次。一九九八年，肩負重建韓國重責大任的金大中總統，在就職演說中宣布：「要以成爲世界上電腦化程度最高的資訊強國爲目標」，努力建設資訊基礎設施及發展資訊產業。二〇〇二年，韓國的網際網路普及率爲一九九八年的七百倍，網際網路用戶數增加到一千零四十萬。以總人口五千萬、平均四口之家來計算，網際網路可說是已經遍及所有家庭。網際網路創造了各種新興產業，其中，將補習班課程錄影後上傳網路進行的線上課程，可是匯集了足以撼動韓國私教育市場的人氣。尤其是當初點燃這波網路課程熱潮的大峙洞名補習班，更是透過網際網路將「江南 Style」的課程推廣至韓國各地。

看到大峙洞著名補習班網路課程的學生和家長們都不禁爲之震驚。原本以爲補習班課程大約和學校同進度，是補救學校學習的不足。但實際上，補習班的課程進度大幅超前學校半年、甚至一年以上。大峙洞的補習班文化大大地激發了父母望子成龍、望女成鳳，希望孩子將來考進名門大學的強烈慾望。前面提到的前補習班講師李先生說：「大峙洞補習班的特徵，是從小就設定目標，並進行徹底的管理。最早從幼稚園開始，就朝著升學目標進行系統性教育。當然，這需要龐大的費用。因此，大峙洞補習班的學生過去都以江南富家子弟爲主。但現在的學生不僅來自江南，還有來自江北、甚至從全國各地齊集而來。經歷過ＩＭＦ危機，家長認爲『只能相信自己的力量』，因而更加熱切關注孩子的教育。」

教育媽媽與「僞裝遷入」

住在大峙洞的家庭主婦朴敏珠，一年前的冬天從首爾麻浦區搬到這裡。

「我並不是對之前住的地方有什麼不滿意，而是考慮孩子的教育環境，大峙洞有絕對優勢，才下定決心搬家。我的許多媽媽朋友們也在孩子上小學四年級的時候就開始準備搬到大峙洞。然而，因爲房價差異過大，就算賣掉之前的公寓，在這邊也只能用傳貰（一種不付月租而先支付一大筆合約費用，搬走時全額退款的租賃契約。房東透過運用傳貰資金獲利）的方式生活。」

敏珠帶著小學四年級的兒子一起搬到大峙洞，不只因爲這裡有眾多著名補習班，還有一個重要的原因，是大峙洞學區在一般高中當中也屬於名校群集的「江南第八學群」。所謂的一般高中，是指透過近距離分配抽籤方式抽選學生的高中，所以沒有入學考試。但該地區一般高中的教育水準並不遜於明星學校，因此資優生齊聚於此，每年都有許多學生考上國立首爾大學等知名大學。因此，如果孩子們的成績要上明星高中的機會不大，媽媽們會選擇搬家到江南，才能進入江南第八學群的一般高中。此外，由於第八學群中的國中，不接受從其他學群轉入的學生，想就讀第八學群一般高中，就必須從小學開始就住進學區。

因此，來自全國各地，和敏珠一樣爲了讓小孩就讀著名補習班以考上名校的教育媽媽們，讓大峙洞補習街附近的房仲公司總是應接不暇。

位於大峙洞的大青中學，被評爲韓國首屈一指的明星國中。根據在該校旁 M 公寓大廈附近經營房地產仲介公司的林相浩先生指出，M 公寓大廈的傳貰合約平均價格大約爲二年七億韓圜（約一千六百一十萬新臺幣）。

「這是一棟屋齡三十年多的舊公寓，但由於口耳相傳，住這裡幾乎都能錄取大青中學，所以是這附近最受歡迎的房子。一百平方米（三十・二五坪）左右的房子，傳貰（合約價格）雖然要七億韓圜，但很快就會有人簽約。而且，新學期開始前的年初價格還會上漲。距離這裡約一公里左右新落成的高樓大廈，因爲有可能被分配到大青中學以外的學校，所以合約價格也便宜約五千萬韓圜。」

根據林先生的說法，有些媽媽爲了讓孩子在寒暑假期間接受大峙洞知名補習班的特訓課程，也會短期租用大峙洞一帶的公寓。但因六月和十一月臨近假期沒有空屋，所以也有不少人從五月或十月就開始租。也就是說，爲了上二個月的補習班，必須支付四個月的房租。

據韓國中央報紙《中央日報》引用首爾市政府教育廳的資料報導，二〇一六年首爾轉出的學生比轉入的學生多五千四百四十人，但在江南三區，轉入的學生人數比轉出的多了九百一十人。尤其是位於大峙洞補習街區半徑一公里範圍內的小學，除了新成立的學校之外，轉入就讀的比例最高。大峙洞 A 小學一年級有五個班，六年級有十一個班。大峙洞 B 小學也一樣，一年級有三個班，六年級有七個班級，這種倒金字塔型的班級結構據說很普遍。縱觀整個首爾市的小學，一年級共有三千零六十個班，六年級二千九百二十四個班級，相對來說六年級班級數比較少，只有大峙洞的小學比較特別。

另一方面，就算不住在大峙洞，也有家長透過只登記戶口的「僞裝遷入」方式，試圖讓孩子進入大峙洞名校就讀。因「僞裝遷入」違反居民登記法，可處以最高三年的有期徒刑或最高一千萬韓圜的罰款，但在韓國高級公職人員的人事聽證會上，已經成爲一定會拿出來檢討的議題。人事聽證會於二〇〇〇年導入，在總統任命高級公職人員前，由國會糾劾其適性的制度。自從實施人事聽證會制度以來，許多長官級候選人因僞裝遷入而下臺或受到非議。前總統李明博曾爲了子女教育，僞裝遷入累犯五次；文在寅政府的康京和外交部長，爲了讓長女進入大峙洞著名女子高中就讀而僞裝遷入，被揭發後公開道歉。此外，教育部長俞銀惠及公平交易委員會主任委員金尚祚，也同樣在聽證會上被揭發曾經僞裝遷入而造成問題。願意爲了子女教育而違法的父母屢見不鮮。

從小學五年級就開始準備大學入學考試！過度超前學習的副作用

敏珠的兒子玄俊目前就讀大峙洞 C 小學五年級。只要接近放學時分，玄俊學校前面的路上總是停滿了車輛。媽媽們開車等著接即將放學的孩子到補習班。

敏珠說：「走到補習班大約十五分鐘，但幾乎所有的孩子都是媽媽開車接送。一天至少去二至三間補習班，只靠孩子們自己是很難管理時間的。孩子們在補習班上課的時候，媽媽們則在咖啡廳聊天打發時間。」

二〇一二年，隸屬教育科學技術委員會的國會議員做了一個實驗，測量了十位在大峙洞補習班上課的小學生的書包重量，結果引起了社會大眾的廣泛討論。十位小學生的書包平均重量爲八・五公斤，而小學三年級學生的平均體重約三十公斤。也就是說，他們背著將近自身體重三分之一的書包，穿梭在各個補習班之間。

在數學和英語補習班上課的玄俊，背的書包也很沉重。書包裡除了數學課本，還有三本托福相關教材，包括托福閱讀、文法、詞彙，以及《哈利波特》的英文原文書。玄俊去的英文補習班，不僅每天要各花三小時學習托福和TEPS（首爾大學主導的英文能力測試），還有閱讀原文小說及散文、以辯論（討論）方式發表心得的課程。玄俊在英文補習班下課後，就和在附近等候的敏珠會合，二十分鐘內簡單吃完晚餐後，又趕快跑到數學補習班。數學課也是三個小時，使用的是國中三年級學生的教科書。也就是說，小學五年級就要上國中三年級的課程。

在韓國，超前正規學校教育課程的私教育學習被稱爲「超前學習」。這種「超前學習」

雖然是大峙洞補習班的強項，同時也存在相當大的問題而受到強烈批判。首先被指出的是，由於補習班的超前學習，公教育正逐步崩壞。在補習班接受超前學習的學生，在嚴格的學校老師課堂上，會一邊假裝聽課一邊做補習班功課；而在寬鬆的老師課堂上，一上課就呼呼大睡。因爲在課堂上睡飽了，補習的時候才有精神。教室的氣氛如此，也影響其他學生無法專心上課。而老師們也認爲學生已經超前學習知道課程內容，所以不會充分說明基本概念。

另外，「超前學習」與兒童的認知、情感的發展階段及思考水準有大幅落差，不但導致思考能力、專注力及學習興趣下降，更有可能養成表面化、機械化解決問題的習慣。此外，「超前學習」帶給家長的經濟負擔，也已經成爲嚴重的社會問題。

對此，二〇一四年，朴槿惠政府公布了《促進公共教育正常化及規範超前教育的特別法》（又稱《禁止超前學習法》）。也就是制定規範小學、國中及高中超前學習的相關法案。然而，該法雖然完全禁止在學校等公立教育機構進行超前學習，但對於補習班等課外教育機構，只禁止宣傳活動，因此被批評反而是認可了課外教育機構的超前學習。

大峙洞知名補習班的超前學習程度是超乎想像的。根據市民團體的「不再擔心私教育的世界」這份調查顯示，以大峙洞 D 學院爲例，重點高中考試課程宣傳的授課對象是小學五年級生，也就是說，實際上補習班對小學五年級生教授高中一年級學生學習的數學，超前學習了五年。E 補習班則在暑假特別課程中向小六學生教授高中一年級的數學；而 F 補習班則以國中一年級學生為對象，開設醫學大學入學課程。

知名補習班炙手可熱的程度，甚至出現為了考上知名補習班的補習班，稱作「預備補習班」。二〇一五年九月，英國《經濟學人》雜誌報導韓國私教育的文章中，提及十三歲的學生超前學習原本十七歲時才會學到的內容，也介紹了「為了進入補習班的補習班」——預備補習班。

大峙洞的熱門補習班都獨立招生。如果分數達不到標準，你甚至沒辦法進入補習班就讀。這就是為什麼出現了所謂的「預備補習班」，即為了考進知名補習班的補習班。（中略）因考不上知名補習班而進入預備補習班就讀，對大峙洞的家長和學生是一大羞恥。因此預備補習班完全不打廣告，父母也會刻意隱瞞孩子到預備補習班上課的事情。然而，許多學生即使在成功「考進」知名補習班後，仍會繼續留在預備補習班。主因是跟不上知名補習班的「超前學習」。

英語先修教育熱

大峙洞G小學四年級的智雅，利用暑假期間，跟母親一同前往馬來西亞，參加為期一個月的英語營隊。營隊的費用為三百八十萬韓圜（約八萬七千四百新臺幣），包含了智雅與母親的機票與住宿費，還有智雅的英語課程費用及餐費。

「媽媽們之間有一說是，升上小學四年級之前，一定要讓小孩參加海外英語營隊。我們家的孩子是第一次參加，有些媽媽從小三就讓孩子參加英語營隊。確實，送小孩去參加英語營，英語能力顯而易見地提升，即使稍微辛苦一點，還是希望每年都能送她去。」（智雅的媽媽）

營隊的課表是每週五天，上午九點至下午三點為英語課程，課後為自由時間，週末則是觀光行程。以前主要是去美國、英國或澳洲參加英語營隊，但持續不景氣之下，近年馬來西亞較受歡迎，因為費用為歐美等國的一半，治安也相對好。

在「培養全球化人才」的口號之下，韓國政府於一九九七年，決定從小學三年級開始，將英語納入正規教學科目，也就此點燃了英語先修教育的熱潮。有名的私立小學，從小學一年級開始教授正規英語課程，更以考試成績進行英語能力分班。甚至有些私立小學只用英語授課，即所謂的「全英語授課」。即便是一般的小學，在正規課程以外的課後輔導，也從小一開始教授英語課。如此一來，促使韓國的父母親們熱衷於讓孩子們在上小學之前就開始上英語課。

二〇〇二年，美國的洛杉磯時報刊登了一篇報導提到，韓國的父母親們為了讓孩子的英語發音變好，讓孩子接受口腔的手術。報導指出，東亞人不容易區分「R」與「L」的發音，一部分的韓國人相信，只要切開舌頭下緣讓舌頭變長，提高舌頭的柔軟度，就能夠解決發音的問題。報導更提到，首爾狎鷗亭洞的某開業醫師每個月動十次這樣的手術，而手術對象多半是未滿五歲的孩子。

「英語幼稚園」是大峙洞的教育媽媽們之間最紅的英語先修教育機構。雖為幼兒專門的英語補習班，但玩樂與學習跟一般幼稚園類似，因此稱作英語幼稚園。英語幼稚園採用英國或美國等英語圈編撰的教科書，從早開始教授英語會話、閱讀及寫作。即使是休息時間，在母語老師的指導之下，玩英國式的遊戲。江南的大型加盟英語幼稚園，則是以四～七歲的小孩為對象，每天教授六～七小時的英語課程。根據二〇一九年自由韓國黨全希卿議員所公開的韓國教育部資料顯示，英語幼稚園僅首爾就有二百二十七間，每個月的平均學費為九十萬七千韓圜（江南三區的平均為一百三十七萬韓圜），比大學的學費還要貴。

於二〇〇八年上臺的李明博政權認為，課外教育過熱的原因在於「英文」，因此提出「強化公共教育機關的英語教育來抑制過熱的課外教育」的方針。代表性的作為，就是所有課程都以英語進行的「全英語授課」。但這樣的全英語課程，反而使私教育變本加厲，甚至導致四位就讀名門大學全英語課程的大學生自我了斷的悲劇發生。

李明博政權之後上臺的朴槿惠政權，透過限制公共教育機關的英語課程來抗衡私教育市場。於二〇一三年制定了私立小學英語教育正常化法案，明令禁止對小學一至二年級教授英語正規課程以及全英語授課。一部分的私立小學強烈反對，甚至對此提起訴訟，但皆被駁回。因此，這次換成未獲認可的國際學校廣受歡迎，發生了意想不到的現象。上流家庭趨之若鶩地將孩子送到全英語授課的國際學校就讀，而非那些減少英語授課的私立小學。但是，這與那些只限外國籍小孩就讀的正式國際學校不同，從未獲認可的國際學校畢業，是無法進入韓國的大學就讀。因此，孩子就讀國際學校期間就送往國外留學，像這樣提早出國留學的例子屢見不鮮。

朴槿惠政權爲了抑制過熱的英語教育，在大學入學考試上也下了功夫。二〇一五年的大考（大學入學考試）引進了「平易近人的英語」，從二〇一八年開始，教學科目中只有英文被改成絕對評價。這是爲了減輕學生們的英語負擔，抑制英語的課外學習。但是，一旦英語成績沒有鑑別度，學生改加強補數學或國語，對補習班的依賴依舊未減。

文在寅政權提出的選舉公約「禁止托嬰中心、幼稚園課後的英語課程」，因爲輿論的反對而無法實現。從前政權延續下來的「禁止國小一至二年級的課後英語課程」政策，不僅因爲家長的反對而無法施行，更導致以國小生爲對象的英語補習市場比之前還盛行。每當政權交替，政府的教育政策就不斷改變，對此感到不安的韓國國民，比以前更依賴補習班。

2 無奇不有的大峙洞補習業界

從游泳指導到深夜補習

剛過深夜十一點，在大峙洞補習街附近的公園，時不時可見孩子們沉迷於打籃球的身影。如果你以為他們是為了釋放唸書所累積的壓力，可是大錯特錯。他們都還在補習中。大峙洞的國中小學生們，最近私下熱衷於利用深夜時間上「運動課程」。

二〇〇八年，首爾市教育廳為了防止日趨嚴重的課外教育，制定了「深夜補習禁止條例」。根據此條例，只要到了晚上十點，首爾的補習班就必須結束所有課程。但是體育教室並不是補習，而是屬於「體育設施」，因此不適用深夜補習禁止條例。逆勢助長了體育課外教育的盛行。

游泳教練租用游泳池的其中一個水道，個別指導小學生們游泳，像這樣的私人課程，在江南區的私設游泳池相當常見。學生們補習完之後才能參加的關係，課程通常是過了晚上九點才開始，然後一直持續到游泳池關門的時間。每週兩次的課程，每月需支付的學費行情為二十～三十萬韓圜。

光是補習班的課程就讓小學生們吃不消，但還是要讓他們上游泳課，這與二〇一四年發生的「世越號沉沒事故」有很大的關係。世越號沉沒事件，包含高中生在內，總共造成二百九十九人死亡。事故之後，韓國爲了強化安全，執行了各種政策。「游泳生存」也是其中一項，韓國教育部強制要求學校針對國小三年級至六年級的學生實施「游泳生存」教育。因而促使游泳先修班的盛行，而學校的游泳課程，一個班四十多名學生卻只有二至三位游泳教練指導，很多學生到學期結束，連漂在水面都不會，因此有一半以上的學生接受游泳的課外補習。

除了游泳，像是一百公尺短跑，或是跳繩等深夜課程，也受到國中小生的歡迎。沒有筆試，只靠學校成績與面試決定生死的明星高中（除了英才高中以外的特殊目的高中（簡稱特目高）或自律型私立高中（簡稱自私高），除了主要科目的成績之外，連音樂、美術等藝術科目，體育科目也都必須要拿到好成績才行。

另一方面，大考在即的高中生們，取代體育課的是違法的深夜補習。有不少補習班，十點一到把入口關閉，在窗戶上貼著厚到不透光的布，進行違反法律的深夜授課。或是在補習班附近租一個公寓，十點一到，老師跟學生就轉移陣地至公寓，持續上課到凌晨。大峙洞的孩子們，將深夜授課的公寓稱作「自習室」。

「每日經濟新聞」報導，根據首爾市教育廳「揭發深夜補習」的統計，因不法的深夜授課而被揭發的補習班，二〇一五年爲二百一十三家，二〇一六年爲二百三十四家，二〇一七年爲一百六十二家，每年違法的家數約在二百間上下。教育專家認爲，實際上違法進行深夜授課的補習班，遠多於被揭發的家數。江南約有數千家的補習班，但執行取締的人員只有五名，實在是無法執行有效的取締作業。

再者，晚上十點之後，有些補習班會在專屬的交通車上進行測驗，或是運用手機APP進行二十四小時的指導，韓國政府取締深夜補習的實質效果可說是相當低。

以學生為對象的心理諮商正流行

近期也相當流行「心靈治療」，對象是飽受學業壓力的大峙洞孩子。於鄰近大峙洞的道谷車站旁開設心理諮商診所的李美嫻院長，是受到大峙洞媽媽們歡迎的諮商師其中一人。李院長本人畢業於首爾大學，丈夫也是首爾大學醫學院出身的醫生，兒子也正就讀首爾大學。採訪中遇到的某位大峙洞媽媽，這樣描述了媽媽們的心理。

「在這裡的媽媽們看人的時候，最重視的就是哪間大學畢業。本人是哪間大學畢業很重要，但是能讓孩子也進入首爾大學，更是大峙洞媽媽們羨慕的對象。大峙洞媽媽們認爲，成功教育孩子的人是值得信賴的。」

大峙洞周邊的心理諮商診所，一小時平均收取二十萬韓圜的諮商費用。一般來說，學生們接受每週一次、每個月四小時的諮商。

到訪李院長診所的學生年齡層相當廣，從五歲到高中生都有。

「近期最年輕的是就讀英語幼稚園的七歲女孩。她在幼稚園會採取攻擊性的行爲，上課的態度也很散漫，她的母親想知道原因，所以就帶她來診所。諮商的結果，是因爲母親強迫孩子念書。孩子在家的欲求被壓抑，還是必須發洩在其他地方。而這個孩子的情況，就是在幼稚園出現攻擊性的行爲。」

父母親在孩子就讀幼稚園或小學的時候，就發現異常狀況，及早帶他們接受諮商，照顧好孩子們的心理狀況，是不至於發生什麼大問題。但是較嚴重的例子是，高中資優生在考大學入學考試前的某一天突然「燃燒殆盡」。

「從幼稚園開始就一直都是全校第一名，但是到高中二年級的時候，突然拒絕去學校上課，變成足不出戶的繭居族。這個學生從小學開始就全年無休，一直穿梭在各個補習班之間。

國中的時候覺得還撐得過去，但是到了高中，壓力變得更大，身體也開始出現問題。某天因爲身體不舒服，跟母親說『今天不能去補習了』，但母親不允許。結果，孩子還是去了補習班，但是漸漸地對母親產生怨氣。我都這麼不舒服了還不允許我休息，漸漸地厭惡那個強迫自己去補習的母親。只是坐在補習班位置上，但憤怒的心情完全聽不進老師的授課內容。即使如此，還是持續去補習班補習。只是茫然地坐著，卻沒有念書。這樣的狀況不斷重複，結果趕不上補習班的進度，漸漸地就躲在自己的房間不出來了。」

據李院長的說法，不少孩子因爲念書的壓力導致身體不適。

「現在的孩子們，都是活在父母親安排好的行軍課表之下。孩子們不是機器，他們早上去學校，傍晚稍作休息之後，就馬上照表操課，穿梭在補習班之間。去補習班補習，還有補習班的作業要做。結果，最近連小學五六年級的學生，都念書念到深夜十二點以後。這樣的生活持續到高中，身體累積的疲勞導致全身沒有力氣，即使沒有特別的理由，身體也會出狀況。全身痠痛，連黑板都看不清楚。有些孩子甚至會想吐，上課時間只能趴著。但是去醫院接受內科檢查，也查不出什麼特別的原因。全身疲累，即使早起去學校，連坐在椅子上的力氣都沒有……。這樣的狀況持續一段時間之後，父母親才發現情況不妙，趕緊帶孩子來接受諮商。」

大峙洞的孩子們，從小就以考上名門大學爲目標，不眠不休全力衝刺。但不少孩子面對即將到來的重要考試而「燃燒殆盡」。孩子們對這一切厭惡至極，但也沒有辦法掙脫。彷彿能聽見孩子們的悲鳴。

東京的大峙洞孩子

住在東京港區的金瑜眞，一到暑假就馬上短期回去韓國，是爲了參加韓國知名補習班開設的「ＳＡＴ暑期特別課程」。

ＳＡＴ（Scholastic Assessment Test＝大學入學測驗），是美國最廣爲採用的大學入學考試標準測驗，也被稱作美國版的大學入學測驗。ＳＡＴ分兩種，一般稱作ＳＡＴ的，是指ＳＡＴ的推理測驗。由閱讀、數學及寫作三個科目組成，測驗的主要目的是評斷英語能力，因此數學的難易度不高，大約爲中學三年級程度。滿分爲一千六百分，越是名門大學，要求的分數越高。ＳＡＴ測驗每年在美國舉行七次，海外則是舉行六次，考生可以重複應考，並選擇最佳成績提交給大學。ＳＡＴ同時也是韓國的大學在決定「在外國民特別選考名額」，即居住在韓國以外的韓國學生是否合格的重要評斷基準。順帶一提，日本的大學像是慶應、上智或ＩＣＵ，在評斷歸國子女的學力基準，也是最重視ＳＡＴ的成績。

現在正就讀東京都品川區某國際學校十一年級的瑜貞，目標是前往美國的大學就讀。

「韓國的大學考試競爭非常激烈，不管是從多好的大學畢業，在韓國就業也是相當困難。而我也幾乎不會日文，沒辦法讀日本的大學。因此可以的話，我希望去美國讀大學，畢業之後在美國生活。所以ＳＡＴ的成績就相當重要。但我還不習慣日本，一直找不到好的補習班。我是接受了參加過韓國ＳＡＴ補習班暑期特別課程的朋友推薦，從去年冬天開始上大峙洞ＳＡＴ補習班的課程。因爲課程很花錢，一開始雙親很反對，但我說『學費會從我自己的存款支付』之後，他們就同意了。」

日本跟美國並列，是韓國上班族最喜歡的外派國家。與隻身赴任的東南亞或中國不同，被派往日本的多半會帶著全家人一同前往。因此孩子的教育問題，是外派日本的韓國上班族之間最關心的事情。家中如果有孩子即將參加大學考試的家庭，更是隨時蒐集各種來自韓國的入學考試資訊。瑜貞的媽媽這樣說。

「外派員工的太太們聚在一起，談論的話題總是圍繞著孩子們的教育，並互相交換各自知道的資訊。因爲大學入學考試的舉行方式常常改變，在國外的家庭都感到相當不安。每年四月開始，在東京也會召開韓國的大學入學考試說明會。召開的方式很多元，有些是租借大型會場，也有辦在外派員工的家裡，只邀請幾位要好的媽媽們，像茶會一般的方式。韓國知名補習班的升學諮詢師直接來日本，說明關於大學入學考試的內容。同時，補習班也介紹了暑期特別課程。我們家的長男是重考生，正在韓國的重考班補習，要讓女兒也韓國，說眞的經濟上是有點吃緊。但女兒說拿出自己存的紅包錢也要去，做父母的也拗不過。老公跟我考量到家中經濟，從沒想過要讓女兒去美國念大學。但是據說如果考上美國的知名大學，之後再考韓國的大學是相當有利的。面試的時候，如果說考上了美國的大學，錄取的例子是相當多的。」

SAT補習班的巨額學費

獨自返回韓國的瑜眞，借住在首爾的親戚家，開啓了他的大峙洞SAT專門補習班的通學生活。瑜眞前往的補習班，暑假期間每週一會開設新的「特別班」。因爲來自世界各地的學生們放暑假的日期都不一樣。

補習班的升學諮詢師李賢珠這樣說明。「我們的補習班，一般是以準備美國等國外大學考試的韓國學生爲大宗，但寒暑假期間，匯集了來自世界各地的學生。升學諮詢師及有名的講師，每年都會前往新加坡、馬來西亞、中國等韓國留學生較多的國外國際學校召開說明會，招生當地的學生。一般是以單一科目爲主的『單科班』課程爲主，但寒暑季期間，能夠一次學習SAT全部科目的『綜合班』很受歡迎。課程是一週五天，也有一週六天，即週六也上課的班。每週六實施模擬考試，以考試爲中心。」

這個補習班每週上課五天，一天授課八小時的「特別班」一週學費爲七十萬韓圜。但是李小姐說這比其他SAT專門補習班還要便宜。

「大峙洞補習街的平均學費，一週大約是一百萬韓圜。有些地方開設十人左右的菁英班，六週收取超過一千萬韓圜的費用。像是由考SAT得到一千四百分以上的學生組成的特別班。而且每週還會舉行分班考試，因此班級成員時常替換。這樣的刺激也會提升學生的積極性。」

瑜真選的是每班三十人，每週上課五天的「特別班」。課表如下。

09:00–10:30 Reading
10:40–12:00 SAT Math
13:00–14:50 Writing & Language

15:00–16:00 Reading
16:10–17:00 Essay
17:10–22:00 Self Study

傍晚五點的課程結束，瑜眞會先離開補習班，在附近解決完晚餐之後，再回到補習班開始自習。

「比起在家念書，跟朋友一起留在補習班自習比較有進展。有不懂的問題可以馬上請教老師，非常方便。補習班附近的速食店跟便利商店也很多，吃晚飯也不成問題。班上的大家都很認眞念書，也能形成良性刺激。比較辛苦的是，現在借住的親戚家離補習班很遠。搭電車大概要花四十分鐘，補習班結束後回到家都十一點了，還滿累的。同班的朋友中，有人爲了縮減通學時間，跟媽媽一起回韓國，在補習班附近租了公寓生活。據他的說法，暑假期間最少要花一千五百萬韓圜。」

韓國教育部的「關於補習班的設立、營運及課外教學的法律」規定，由各地方政府的教育支援廳決定補習班的學費上限，如果違反，將被處罰二十點。累積處罰超過六十五點，就會被處以營業停止的處分。管轄大峙洞一帶的江南、東草教育支援廳規定，語言補習班的學費上限爲一分鐘二百八十七韓圜，一小時一萬七千二百二十九韓圜。以一天八小時課程計算，一天最多收取十三萬七千七百六十韓圜，一週（五天）則爲六十八萬八千八百韓圜。換言之，幾乎所有的ＳＡＴ專門補習班都違反這個規定。但是每年實施的政府「補習班指導檢查」，幾乎沒有看到因爲巨額學費而受罰的例子。補習班把學費的一部分當作教科書或其他雜費計算，用這種鑽法律漏洞的方法免於受罰。

大峙洞孩子的偶像「明星講師」

五月的某個星期天，剛過早上七點，位於大峙洞補習街的某一間大樓，往裡面一看，映入眼簾的是相當有趣的景象。大樓的三樓至一樓的階梯上排了一整列的包包。包包的種類各式各樣，從鮮豔多彩的背包，到別緻的單色郵差包都有。包包看起來很扁，裡面應該是空無一物。過沒多久，一位看起來像高中生的少女出現了。她拿起自己的包包，從裡面掏出一個坐墊席地而坐。接著從另一個帶來的大包包中拿出手機玩起遊戲來。少女跟同年齡的孩子們逐漸聚集，狹窄的樓梯擠滿人潮，時間來到八點半左右，一位中年女性搭著電梯上到三樓。這位女性一出現，現場的氣氛急速變化。原本面無表情玩著手機的孩子們，突然表情緊張的拿著包包站起來。女性將緊閉的門打開，孩子們迅速地進到裡面。門的另一側是寬廣的教室，孩子們從前排的空位開始將座位填滿。

讓孩子們進到教室的女性，正是大峙洞屈指可數的知名補習班李江學院的升學諮詢師申廷海女士。他爲我們說明了這個景象的原因。

「星期天是數學的明星講師玄宇鎭教授親自授課的日子。明星講師的授課日，學生們希望能占到好一點的位置聽課，從清晨開始就來排隊。因爲臨場感就是不一樣。以前週日大樓入口的開門時間爲早上八點。當然，受歡迎的老師的課，當天很早就會有學生在大樓前面排隊，但排隊的時間越來越早，清晨四五點開始就有學生排隊等待。爲了讓學生能夠在大樓裡面等待，大樓的門很早就開了，從某一天開始，包包取代了人，變成用包包排隊。媽媽們爲了讓孩子們能多睡一點，代替孩子前來放包包排隊。」

「明星講師」是「No.1明星講師」的簡稱，在同科目的補習班講師中最賺錢的人氣講師。大型補習班稱明星講師爲「教授」。「親授」是「親自授課」的簡稱。能夠直接在現場聆聽知名講師的「視訊課程」（網路授課），想當然很受歡迎。

終於到了早上九點，明星講師玄教授登場開始上課。

「現在開始我所講的每一句話，每一個動作絕對都要牢記在心。一定會出現在考試裡的！」

玄教授的課九點開始，持續上了兩個半小時沒有休息，但沒有任何一位學生打瞌睡或是分心做別的事情。

明星講師的年薪連明星選手也汗顏

數學的明星講師玄教授是畢業於美國史丹佛大學數學系的天才。二〇一一年起開始在大峙洞的補習班教書，他的學生中，有一百人以上數學考滿分。成績獲得認可的他，被韓國最大的教育企業「Mega Study」挖角。親自授課加上網路授課，現在是韓國擁有最多學生的明星講師。二〇一八年，以三十一歲的年紀購入位於江南要價三百二十億韓圜（約七億三千六百萬新臺幣）的大樓而蔚爲話題，受到媒體的關注。

明星講師的影響力不僅止於補習街。只要出書就會暢銷，只要上電視收視率就會上升。「韓國史」的明星講師偰民錫，被稱作「國民的講師」，主持電視臺的帶狀節目。收錄課程內容的書，在二〇一七年某網路書店的讀者投票中獲得第一名。「社會」的明星講師崔振基，拓展自身的活動範圍，以上班族的人文學講師身分活躍於有線電視綜藝節目，但他「對於業界過度的紛爭及相互扯後腿感到疲憊」，表明將從補習班講師退休。

明星講師是位於韓國社會最上層菁英中的菁英。學歷都是首爾大學等韓國一流的大學。史丹佛大學或耶魯大學等美國名校畢業的不在少數。年紀相對年輕，多半位於二十五～三十五歲之間，外表也相當亮眼。而最驚人的是他們的收入。

李江學院的申女士這樣解釋。

「明星講師的年薪是完全實力主義，根據課程的銷售量來決定。跟網路課程公司簽訂獨家合約的金額，一年就有十～十五萬韓圜。講師可以拿走課程銷售量的四成金額。於大型補習班親自授課的學費中，講師可以拿走五成。其他收入還有親自編撰的教科書版稅的一成，這些金額的加總才是明星講師的年收。在補教界，它們的年收很容易就會超過一百億韓圜。」

有如天文數字般的收入，但眞正能夠成爲明星講師的人非常少。在數學、英文等主要科目，大概數千人之中只有一位能成爲明星講師，競爭可說是非常激烈。要有凌駕於其他講師的授課內容，還能不讓學生感到無趣的表達能力，這些都是成爲明星講師的必備條件。幾乎所有的明星講師都打造專屬的「智庫」，花數億韓圜的年薪聘請碩博士級的人才開發專屬的教學內容。還聘請五～十位類似祕書工作的「助教」，專門處理課程的準備及其他雜務。更有專屬的經紀人、服裝造型師、化妝師做形象管理。認眞運動怕身材走樣，不抽菸以維持皮膚的良好狀態。

但申女士也提到，像這樣的明星講師非常少，大部分補習班講師的待遇甚至比一般的上班族還差。

「補習班業界是強者獨占市場的最佳體現。能夠獲得數十億至數百億韓圜年薪的明星講師不到一%。大部分的講師能靠每個月二百多萬韓圜的收入過活。而且他們離職沒有遣散費，沒有任何社會的保障。」

顧問補習班與應試指導媽媽的登場

住在首爾鐘路區的金雲貞女士，有一個小學三年級的兒子。今年初在兒子同班同學家長的邀約之下，拜訪了位於大峙洞的顧問補習班。

「兒子年紀還很小，其實還沒有認眞想那麼多，剛好兒子同班同學的家長推薦，說有補習班會對孩子做適性測驗，然後建議將來的出路，所以就來看看。」

雲貞帶兒子去的大峙洞G顧問補習班，是一間諮商兼升學諮詢，員工只有二名的小補習班。先從簡單的適性測驗開始，加上約十分鐘的口試，綜合判斷孩子的適性。根據結果挑選將來適合就讀的學校，並提供入學考試必要的課外課程一覽表供參考。雲貞的兒子被認爲具有理工的資質，因此補習班方面提供了科學高中入學考試必要的補習班及課外活動的課程表。

「適性測驗與一小時左右的諮詢就花了九十萬韓圜。適性測驗三十萬韓圜，諮詢費用一分鐘一萬韓圜。說實在的，我不覺得十分鐘就能判斷孩子的適性，但工作很忙碌，沒有時間好好地幫兒子挑選補習班，想說就先照著顧問給的課程表試試看。」

因爲教育政策年年「劇烈」變化，導致高中及大學的考試制度也變得相當複雜，像雲貞這樣的一般媽媽實在很難全盤掌握。但是考慮到孩子的將來，實在是沒辦法輕易放棄。以這些媽媽們爲對象，提供孩子升學諮詢服務的專門補習班，在韓國如雨後春筍般地出現。根據首爾市教育廳於二〇一八年六月公布的「學校．補習班現況」，首爾的顧問補習班有四十所，其中三十一所集中於江南，這三十一間所召開的個別升學講座數量超過三百九十七堂。

而「應試指導媽媽」這個特別的職業也隨之出現。指的是過去曾經幫助孩子考上知名學府，根據考生的目標擬定學習計畫的應試指導員。這個名詞在二〇一五年由某一教育機關選爲當年度的新造語之後，也很常出現在韓劇裡面。

大峙洞的補教界，從以前就有成功幫助孩子考上知名學府的家長投入補教界的例子。這些「應試指導媽媽」，負責管理幾位學生，從志願的選擇到校內成績（在校成績）的管理，補習班的挑選，入學考試的準備等都仔細指導，必要的情況還會與孩子共同生活，培養讀書的習慣。主要是透過顧問補習班招募這樣的人，但也會看到「招募應試指導員」張貼在江南的高級公寓。報酬從每月數百萬到數千萬韓圜都有。

住在首爾東南部盆唐的徐妍成女士，成功地讓兩個兒子都進入知名學府就讀，她運用自身的經驗開始從事應試指導員的工作。妍成每週前往學生家一次，針對成績不理想的科目，每次約花一小時指導學習方法。針對每位學生的需求，提供獲得大學入學考試所需的校內活動點數的方法，並找到適合的補習班。依照學生的程度，提供有望入學的大學的最新資訊。像這樣一次管理三位學生，妍成女士一個月的收入超過一千萬韓圜。看似容易，但妍成女士認爲這需要龐大的資訊蒐集及整理能力。

「每天早上起來的第一件事，就是連上教育部的官網。因爲入學考試制度不知道何時會修改，所以每天都需要上官網確認。也必須要時常聯繫各高中負責入學考試的老師們。必須要跟老師們確認學校方面是不是有什麼新的資訊，麻煩他們告訴我。除此之外，也要跟大學教授們打好關係。如果順利的話，或許可以從他們那邊打聽到還沒傳出去的入學考試資訊。」

妍成女士認爲，入學考試顧問補習班或應試指導員之所以會受歡迎，可說是拜韓國的教育政策所賜。

「全世界最複雜的韓國入學考試制度，一般的媽媽要能夠完整掌握是近乎不可能的。因此，他們自然而然就會依靠補習班。但是補習班也沒辦法悉心照料每位學生，站在母親的立場，當然希望能獲得符合自家孩子的資訊或指導方法。而入學考試顧問或應試指導員具有優秀的資訊蒐集能力與知識，能夠悉心照顧好每位孩子，因此經濟能力允許的家庭，不管花多少錢都想要聘請他們。」

3 被政治操弄的韓國教育政策

多樣化的韓國高中

韓國跟日本一樣，義務教育只到國中，高中之後可以選擇各式各樣的學校就讀。韓國的高中大致上可分成普通高中、特目高（特殊目的高中）、自律高（自律型高中）及特性化高中。普通高中不需要考試，靠抽籤就能夠入學。特目高是以培養專業人才爲目的的高中，像是英才高中、科學高中、外語高中、國際高中、藝術高中、體育高中、專門高中等。自律高則有自私高（自律型私立高中）跟自公高（自律型公立高中），因採行多樣化的教育方式，在授課科目或方式上擁有自由裁量權。特性化高中則是培育擁有特定領域技術的人才，或是讓這些人才能夠運用其技能及專長。一般稱作實業系，課程內容以職業訓練及實習爲主。

如此多樣化的高中，就好像陳列在超市架上的商品一般，其中最受韓國考生及家長憧憬的，莫過於韓國最難考的英才高中。只要到了每年三月即將迎接韓國新學期之際，就會召開英才高中的入學說明會。四月開始接受申請，入學考試從五～七月分三階段實施。第一階段爲書面審查，通過之後，第二階段則是稱作「英才性測驗」的筆試。第三階段是兩天一夜的「英才營」面試，七月公布合格名單。韓國的高中入學考試，只有英才高中才有筆試，全國只有八所，二〇一八年的倍率爲十四．〇一。

接著從八月開始，由科學高中打頭陣，藝術高中、體育高中、專門高中、特性化高中的入學考試開跑，十月公布合格名單。這些學校被稱作「前期學校」。

前期的入學考試結束後，剩下的特目高如外語高中、國際高中，以及自私高、自公高的入學考試開始，普通高中的申請也同步開跑。這些被歸類在「後期學校」。

除了那些抽籤保證入學的普通高中，韓國高中的入學考試方法，每個學校多少有些差異，但基本上是以「自我主導學習」爲原則。換言之，爲了防止因高中入學考試而進行過度的先修教育或課外教育，原則上是以中學生的在校活動做綜合性的判斷。除了英才高中以外，不實施任何筆試測驗，只靠中學時期的成績與校內活動評鑑的分數，再加上面試來甄選學生。

很明顯的，能夠甄選優秀學生的特目高或自私高，進到名門大學的升學率，遠遠高過只靠抽籤率取學生的普通高中。再者，特目高及自私高採取的教育方式有別於普通高中，如全英語教育或住宿制等，學費也是普通高中的好幾倍。根據教育資訊網「學校 ARIMI」（https://www.schoolinfo.go.kr）的統計，普通高中的學費一年平均為一百零六萬韓圜，但有名的自私高的學費一年平均至少九百八十七萬韓圜，至多可超過二千萬韓圜。

首爾市漢西普通高中的金主任認為，課外教育的過於盛行，主因就是特目高與自私高。「進入普通高中的學生，入學是靠抽籤，並非本人意願，因此對於課業上的熱情稍嫌不足。沒考上志願校的學生越多，這種傾向就越強烈。特目高或自私高的設立宗旨是發揮學生特性，培養專業人才，但被認為是有利於考上名門大學的『明星高中』，導致優秀的學生蜂擁而至。另一方面，社會也帶有偏見，認為普通高中是成績不夠好，或是家中經濟狀況不好的學生就讀的。因此不僅中學生，連小學生也被捲入這場考試戰爭之中。」

像是外語高中、國際高中等特目高及自私高，原本是歸類在前期學校內，但是在文在寅政權下，自二〇一九年起失去了優先招生的權利。換言之，外語高中、國際高中及自私高被延後到後期，與普通高中同時期招生。當局制定「禁止重複志願法」，即如果沒考上外語高中、國際高中或自私高的話，是無法進入普通高中就讀的。此舉企圖使自私高「凋零」。這些學校的生存受到威脅，因此聯合向法院提出此法的無效假處分，憲法法院於二〇一九年四月，宣布文政權的「禁止重複志願法違憲」。即便沒考上自私高等學校，還是能夠進入普通高中就讀。文在寅政權「讓自私高普通高中化」的選舉政見，最終以失敗收場。

舉國盛事「大學入學考試測驗」

孩子從進入國小開始，十二年來努力不懈，一心一意只爲了進入名門大學就讀，對孩子及父母來說，「大考（大學入學考試測驗）」的日子，就是賭上人生的決戰之日。韓國的大學錄取率接近七十％，每年十一月舉行的大考是舉國一大盛事。

被選爲命題委員的大學教授們，基於保安的原因，到考試結束之前都必須與外界隔離。大考當天，爲了讓考生們能順利抵達考場，政府機關及多數的公司都會延後一小時上班。警察全力投入「緊急運送考生作業」，只要接到父母或學生們的聯繫，就會騎著警鈴大響的白色機車，載考生至試場。

下午一點零五分～一點四十分實施英語聽力測驗的時段，禁止全韓國的飛機起飛及降落。此舉是爲了避免飛機的噪音影響聽力考試。

多數的父母，會隨身攜帶糖果表示好兆頭，站在考場正門直到考試結束。韓國的傳統糖果相當軟，黏著性很高，而韓語的動詞「黏」也帶有「合格」的意思。有些母親在寺廟行大禮一百零八拜，有些母親則在教會祈禱至天明。這些都是每年考試常見的景象。

造成韓國社會一陣騷動的「大考」，是從一九九四年開始的全國性大學入學考試。在此之前所舉行的「學力考試」，因考試科目較多，以及出題偏向測試學生的背誦能力，造成學生過多的負擔而飽受批評。大考則減少了考試科目，並增加測驗學生思考能力的問題。

但大考的導入，反而更增加了考生們的負擔。跟只從教科書內出題的學力考試相比，重視理解能力的大考，很多問題只靠教科書也無法獲得解答，導致學校以外的補習更加盛行。大考的問題多半「很冗長」，而坊間出現不少補習班教考生如何在短時間內解讀冗長問題，不僅助長了課外補習，也增加監護人的經濟負擔。再者，入學制度重視大考的成績，即使學生在校成績優秀，學校生活相當充實，大考的成績如果不理想，就很難考取名門大學。然而，學校生活普通，但大考的成績理想的話，就有可能進入名門大學就讀，「大學入學考試浪費了學校教育」的聲音也越來越多。

於此，金泳三政權宣布允許國公立大學可採取隨時招生的方針，從一九九七年開始，由高中校長推薦甄選入學。導入初期只有一～二%的學生是靠推薦的隨時招生方式入學，爾後人數不斷增加，到二〇〇七年盧武鉉政權時，增加到五十一．一%。李明博政權及朴槿惠政權時持續增加至七十%以上。文在寅政權下的二〇一九年大學入學考試，隨時招生的比例更來到史上最高的七十六%。雖然是因校而異，但是像首爾大學等學校，會根據大考成績設定合格分數，如果沒有達到，就會被取消入學資格。再者，重考生基本上是無法參加隨時招生，只能在少之又少的定時招生（大學入學考試）名額之中，展開更激烈的競爭。

隨時招生的陷阱

決定多數考生命運的隨時招生考試方式，可分爲「學習科目甄選」、「綜合甄選」、「特殊技能甄選」及「論述甄選」，每一種都相當複雜。學習科目甄選，是校方提出學生的綜合紀錄簿中，只參考學習科目的成績來甄選。綜合甄選則是參考綜合紀錄簿中的所有項目，做綜合的判斷。特殊技能甄選則是針對在外語、音樂、美術、體育等特定領域表現傑出的學生所設的方式，而論述甄選則只靠論述的方式。每個大學或多或少有些不同，但學習科目甄選及綜合甄選占大多數，特別是綜合甄選就占了隨時招生的六十%以上。

前面出現過的漢西普通高中金主任，解釋了何謂綜合甄選。

「現在的大學入學考試被稱作『學綜時代』，綜合甄選的方式占大多數。爲了評估學生們的高中生活表現，除了在校成績之外，學科以外的成績如志工活動、社團、將來的出路等，閱讀活動及獲獎紀錄等皆包含在內，進行綜合甄選。自我介紹、推薦函及面試也納入審查標準。」

問題是，像這樣既複雜又多樣化的甄選項目，促使新型補習班的出現。作爲綜合甄選的標準，大學多半要求學生提交學力、專業適性、人物、發展可能性等四個項目，補習班也因此出現「人性課程」。課程會整理一些日常生活常碰到的狀況，像是「看到朋友作弊的話會怎麼做？」「讀書會一起解決問題的時候，看到朋友偷懶的話會怎麼做」等，教授正確的應對方式。學費從一小時十萬韓圜到數十萬韓圜不等。

金主任也認爲，隨時招生助長了補習教育。

「不久之前，學生爲了得到志工的成績，很流行報名補習班至東南亞或非洲進行海外志工活動，因此教育部表示校外的志工活動不包含在學生的綜合紀錄簿內。不只志工活動，近期校內活動比校外活動更能獲得好的評價。社團活動方面，比起待在既有的社團內活動，自主創立新的社團，更可以在領導力方面獲得較高的成績。因此補習班最近開始教授自主創立社團的方法，如何找到校內的成員，以及共同討論評價方法。政府或學校想破頭改制度也贏不過補習班。該說他們沒有破釜沉舟的決心嗎，補習班的老師們才眞的是爲入學考試賭上人生。」

其他像是幫忙寫自我介紹的補習班，或是為了獲得綜合甄選的成績，指導學生如何進行有效的校內活動的顧問補習班也相當受歡迎。有錢人家甚至雇用寫手，以孩子的名義自費出版，只為了獲取綜合甄選的成績。大學教授為了孩子的甄選考試，甚至違法將孩子的名字放入論文共同作者中的例子也屢見不鮮。根據二〇一九年五月十三日韓國教育部與科學技術情報通信部公布的「未成年合著論文及參加不良學會問題的實際狀況調查結果與處理現狀」，二〇〇七年至二〇一八年間，包含首爾大學在內共五十間大學，出現一百三十九篇論文舞弊的情形。

這類的例子多到不勝枚舉。還好考生與家長之間都認為「隨時招生不公平」。二〇一八年二月，某補習班針對高三生做的調查，高達八十一．八%的學生認為「定時招生（大學入學考試）比隨時招生公平」，只有九．五%的學生認為隨時招生比較公平。二〇一七年名為「公正社會國民的會」的市民團體，針對三千名以上的家長做的調查結果，八十四%的家長認為最不公平的大學入學考試方法為「綜合甄選」，九十四%的家長認為「大學入學考試最公平」。

新自由主義與韓國教育政策

現在所推行的韓國教育政策的基本，要回溯至金泳三政權時代。韓國第一個民主政權的金泳三政權，宣布了「五三一教育改革」，全面改革軍事獨裁導入政權下刻板單調的教育政策。金泳三的教育改革表面上為多樣性與自律性，但背後的意圖是讓教育政策也導入基於競爭原理的新自由主義。簡言之，配合全球化的時代，從以學校及老師的「供給者」，改為以學生及家長的「消費者」為中心的教育，並尊重「消費者」選擇的權利。成立學校營運委員會，讓家長參加學校的營運，並導入學校生活紀錄簿（類似臺灣的學習歷程檔案）。為了讓高中的種類多樣化，提議增設自私高。作為全球化教育的一環，大幅強化及擴充外語教育，英語成為小學生的正規科目。大學入學考試制度重視學生的特性，甄選的方法某種程度上也交由大學決定。因而導入大學入學考試，大學的設立標準也放寬，使得大學變得隨處可見。這些政策讓原本低於五十％的韓國大學升學率，晉升至世界一流的水準。

與IMF危機同時期誕生的金大中政權，為韓國第一個左派政權，徹底實施了「競爭與效率」市場原理的教育政策。宣布減少教師數量，實際上大幅縮減教師數量，嚴重打擊公家教育。根據學校的多樣化政策，導入金泳三政權時期所提議的自私高考試，就此開啓了自私高的熱潮。也嘗試引進「分級教育課程」的授課系統。採用並開發多種不同程度的教材與課程，讓每個科目都能夠配合學生個人的能力進行學習。但是這個制度的實施，家長們擔心孩子被區分爲優等生或劣等生，因此從小學開始就讓孩子去國英數補習班，引起「先修教育熱」。國中小學宣布英語課只用英文進行，導致英語學習熱，二〇〇二年金大中政權末期的一年內，小學、國中、高中的先修留學生就有一萬一百三十二人。

金大中式新自由主義教育政策的亮點，名爲「ＢＫ（Brain Korea）二一」的計畫中，爲了培育世界共通的人才，由教育部推動培養具有國際競爭力的大學。從一九九九年至二〇〇五年間投入一兆四千億韓圜推動「ＢＫ二一計畫」，但由首爾大學等「名列前茅」的大學獨占研究經費，以首爾大學爲首的大學排序已成決定性的因素。強調「即使不會念書，只要有一項才能，就能夠進入大學就讀」，公布「大學入學考試制度改善案」，除了大學入學考試成績之外，也能以學生綜合紀錄簿的成績、得獎實績、推薦函等多種方式甄選學生。但是當局並沒有甄選標準的方針，大學方面比起學生的潛力，更重視學生的成績及家庭環境，經濟格差等同教育格差，造成很大的問題。

盧武鉉政權爲了補強「高中平準化」政策，大幅擴大外語高中等特目高，造成家庭的課外教育費激增。盧武鉉政權於二〇〇四年發表的「大學入學考試改善方案」也造成課外教育激增。加上公布選考方針以學生綜合紀錄簿爲主，大學入學考試分等級，大考以外的高中則重視校內的成績，導致學生們因爲在校成績的關係彼此激烈競爭，造成校園叢林化。再者，只靠大考很難區分成績高低，作爲大學入學考試科目的寫作難度大幅提升，也讓教寫作的補習班迎來鼎盛期。

李明博政權則以「學校教育滿意度提高兩倍，課外教育費減少一半」爲目標。爲了活化學校教育，施行「高中多樣化三百方案」政策，包含全體學生住校的自私高在內，新設了多達三百四十間自私高，至此迎來自私高的全盛時期。引進全英語教育，更強調英語教育，使學生們皆希望進入外語高中就讀，英語補習班再次引起熱潮席捲韓國社會。結果造成高中的排名固定，普通高中的名次則大幅後退。自私高或特目高的學費比普通高中還貴上數倍，但卻更受到歡迎，這也造成因經濟能力而失去「公平教育機會」的社會問題。爲了修改重視成績的大學入學考試，擴大了評價學生的潛在能力與適性的隨時招生，這也導致了其他補習教育的出現，反而花更多錢在補習上，對公教育的滿意度也一落千丈。

接續李明博政權的朴槿惠政權，大框架就是承襲前政權的教育政策。但是爲了抑制導致課外教育費用大增的英語教育，提出在大考時的英語改爲絕對評價，以及規範國小、國中、高中先修教育的「先修教育禁止法」。但朴槿惠政權四年之間，每年都可看到新聞報導「課外教育費用史上最高」。

二〇一七年上任的文在寅政權，預告教育政策會有大幅度的變革。其政見是廢除導致高中排名分優劣的特目高或自私高，其他還有像是引進「高中學分制」，讓高中生向大學一樣能夠選課，還提出了大學入學考試改革方案，像是增加定時招生的名額等。但是執行力不足，導致沒有任何一項達成，陷入了最糟的狀態。這使得家中有考生的家長們更是疑神疑鬼，反而更加依賴課外教育或補習班。

教育共和國之韓國的憂鬱

韓國的教育政策，基本上是承襲了金泳三政權新自由主義的大方向，每個政權都實施了各種政策，目的是爲了減輕孩子們考試的負擔，抑制過分的課外教育。但過去這些努力或政策，很難說有一項是成功的。

學歷就是在競爭激烈的韓國社會中脫穎而出的能力，家長們可是賭上全部來教育孩子。根據韓國教育部與統計廳公布的「二〇一七年小學及國高中的私教育費調查」結果顯示，每位學生一個月平均的課外教育費爲二十七萬一千韓圜。費用從調查開始的二〇一七年，每年持續上升。少子化的影響造成學生數量減少，但是課外教育的市場規模卻是每年更新歷史紀錄，高達十九兆五千億韓圜。

過度的教育熱也引起各種社會問題。因付出過多的教育費導致入不敷出，因而陷入教育貧窮的家庭也不在少數，不知道教育費哪裡來，也成爲出生率世界第一低的一大主因。

更嚴重的是給孩子們的壓力。根據二〇一八年保健福祉部的調查，「平常感到非常有壓力或是頗有壓力的孩子」約占全體的十六%，其中有六成的孩子認爲「功課或考試」是壓力來源。再者，有七成以上的韓國兒童覺得時間不夠用，理由是學校課業或補習班作業等，與學習相關占了七十%以上的時間。OECD三十六國之中，韓國青少年的生活滿意度最低，可以說是跟學業的壓力有很大的關係。

韓國施行了各種政策，企圖抑制課外教育及尋求教育機會的平等。但是諷刺的是父母親的經濟能力讓教育格差持續擴大，根據二〇一八年六月韓國統計廳的資料顯示，收入前二十%的家庭，每個月支出的課外教育平均費用約爲收入倒數二十%家庭的二十七倍。

從有「韓國的東京大學」之稱的首爾大學新生比例，一眼就可得知因所得造成的教育格差。公營教育電視臺EBS製作了特別節目，詳細介紹韓國社會的教育格差。根據此節目的介紹，二〇一八年的大學入學考試，全國六十八%的高中沒有任何一個人考上首爾大學。

有三十二%的普通高中只有一人考上首爾大學。然而只占全國三%的自私高及特目高，就占了首爾大學新生人數的四十八%，快接近一半。再者，首爾大學上榜率前六名的普通高中，就有三所位於江南，由此也可得知新生多出身富裕人家。

節目更分析了位於江南的高中過去十年考上首爾大學的人數變化，發現了有趣的事實。過去十年間大學入學考試制度改了五次，每次更改的那年，位於江南的高中的大學錄取率就會降低，但隔年就會回到原先的水準。由此可知，江南地區的學生們，即使因為制度上的變更造成一時的混亂，但透過課外教育，很快就能夠適應新的入學考試制度。

但是諷刺的是，文在寅政權的高官們，雖然主張廢除自私高與特目高，但是讓自己的孩子們從自私高或特目高畢業，再送出國的例子屢見不鮮。最具代表的如總統府的民情首席（負責對政府高官或總統的親戚等有權者進行搜查）祕書官，以及法務部長曹國。曹國被視為「文在寅的繼任者」，為進步派學者，提倡文在寅政權的「社會改革」之政治哲學。曹國重視公平正義，他的發言相當受到年輕人的歡迎。

但他因為女兒的非法入學嫌疑造成韓國一片譁然。曹國的女兒就讀高中時僅在醫學大學的研究室實習了兩週，就被列為小兒病理學論文的第一作者，被登載在醫學期刊上。其他還有像是參與了三週位於外縣市國立大學的實習，於日本召開的國際鳥類學會上發表的論文被列爲第三作者，參加了高中生沒有資格報名的聯合國實習，像這樣累積了一般高中生不可能擁有的資格或經歷，靠隨時入學的方式進入名門大學，甚至就讀醫學專門研究所。進入醫學專門研究所就讀，即便被當了兩次，卻還能連續六個學期得到獎學金，這也引人非議。

這個醜聞不僅讓文在寅總統的就職演說中強調「機會是公平的，過程是公正的，結果是正義的」變調，也讓韓國的學生與家長感到非常失望。

本章出現的孩子與父母親的名字皆爲匿名。

第二章　年輕人的就業狀況日趨嚴重

1 最糟的就業率與延畢生

韓國年輕人成為比特幣殭屍的例子層出不窮

被稱作「虛擬貨幣元年」的二〇一七年，韓國的虛擬貨幣熱爲世界之最。根據韓國金融投資者保護財團於二〇一八年三月七日發表的「二〇一七年虛擬貨幣利用者調查」（以二十～六十九歲居住在都市的人爲對象），調查人數中的十三．九%曾在二〇一七年內投資過虛擬貨幣。特別是二十～二十九歲的二十二．九%，三十～三十九歲的十九．四%有投資虛擬貨幣的經驗，由此可知，韓國虛擬貨幣的熱潮是由年輕世代所引領的。

根據韓國最大的虛擬貨幣交易所「Bithumb」的資料顯示，韓國市場每個月的虛擬貨幣交易額，二〇一七年十二月達到五十六兆二千九百四十四億韓圜（約一兆二千九百四十八億新臺幣），爲同年一月三千億韓圜的一百八十七倍。短短一年的時間就快速成長，甚至超過科斯達克（韓國版的納斯達克）市場每月平均交易額的八十%。

韓國目前投資虛擬貨幣的人數超過三百萬人，其中的六成爲二十～三十九歲的年輕人。

虛擬貨幣市場讓那些期盼能夠一獲千金，或是爲了賺「第一桶金」準備結婚或買房的年輕人們蜂擁而至。二〇一七年韓國ＳＢＳ電視臺播出了一位二十三歲年輕人的訪問，他靠投資虛擬貨幣八萬韓圜賺了二百八十億韓圜。而在訪問的兩個小時內，他又賺了三十億韓圜，當場將二千萬韓圜換成現金的畫面，讓很多韓國人相當吃驚。

史上最糟的失業率與所得格差的擴大，讓不少韓國年輕人變成經濟弱者，因而夢想靠虛擬貨幣逆轉人生。專家認爲，韓國年輕人熱衷於虛擬貨幣的背景，主要有①所得、貧富差距擴大等社會兩極化；②機會不平等；③相對剝奪感。與其解決多重的社會問題，年輕人傾向逃離現實的態度越來越普遍。換言之，比起靠正常的方式賺錢，更夢想著能夠一獲千金。

年輕人放棄就業，將時間跟金錢投注在虛擬貨幣，在韓國稱作「比特幣殭屍」，也變成一個嚴重的問題。網路上虛擬貨幣的社群中，「跟銀行借錢投資虛擬貨幣」的留言相當多，金融監督委員會進行了信用貸款激增與虛擬貨幣的關聯性調查。美國的彭博社曾於二〇一七年十二月提出警告，「韓國的比特幣交易過熱，呈現爆炸性擴張，進入原爆點狀態」。

虛擬貨幣市場過熱，因投資受害而導致社會問題，促使韓國政府正式發表，將迅速檢討嚴格規範虛擬貨幣交易的法案。在此之前，文在寅政權提出的規範，如全面禁止於韓國國內公開新的虛擬貨幣（但韓國人可以投資海外的新公開虛擬貨幣），實施實名制交易，全面禁止銀行於交易所開設新的虛擬帳戶等。

但是對於政府的這些規範，韓國的年輕人可是相當憤怒。年輕人在總統府的國民請願公布欄，以「政府曾允許國民夢想未來嗎！」爲標題，刊登了反對虛擬貨幣規範的請願，二十天之內就獲得超過二十萬人的贊同。網路上以「在總選舉時用選票處罰執政黨與政府」的口號，長期登上熱搜第一名。現在韓國年輕人之間多半認爲，不管多努力都無法改變從父母親繼承下來的地位，自己的階層也不會改變。年輕人主張，社會階層無法移動，「只有虛擬貨幣是投資多少就有機會獲利。提供公平的機會」。

最糟的就業率導致延畢生大增

根據韓國教育部所發表的「二〇一七年高等教育機關畢業生的就業統計」，大學畢業生的就業率爲六十六・二%。其中，醫藥學系與理工學系畢業生的就業率分別爲八十二・二%與七十・一%，而人文學系畢業生的就業率只有五十六%，唯一沒有超過六十%就業率。日漸困難的韓國就業市場，最不利的就是人文學系的畢業生。

「咦？人文學系畢業生的就業率眞的有五十六%嗎？我身邊幾乎沒有人順利找到工作，

眞是不可思議。」

就讀首爾市立大學歷史系四年級的女學生崔廷敏，對教育部的統計表示疑惑。

首爾市立大學是由首爾市設立的公立大學，因註冊費半價及便宜的學費受到學生歡迎。雖然學費因不同科系有所差異，但對比位於首爾的私立大學一年學費平均八百～一千萬韓圜，首爾市立大學的學費一年只要二百四十萬韓圜，是全國最便宜的。因此吸引了來自韓國各地的優秀學生，躍升爲名門大學。想要進入首爾市立大學就讀，成績必須要進入全國考生排名前七～八%才行。

崔同學經過一年的重考生活，進入首爾市立大學歷史學系就讀。成爲名門大學大四生的崔同學，再度經歷有如入學考試時的地獄生活。

「沒有什麼工作是能夠活用歷史學系所學的，所以就業率是出名的低。我們系的招生名額是二十八人，看著大一屆的學長姐，沒有任何一個人進入大企業上班。最理想的例子是考上公務員。同學之中只有三人今年畢業，其他人全部延畢。我因爲中間休學一年，所以今年還是大四，我明年上學期之前也打算申請延畢找工作。」

崔同學因爲重考及休學，年紀比同學年長二歲。如果沒有保證找到工作，就不打算畢業。因爲學長姐的建議是，就業市場上已經畢業的人比應屆畢業還更不利於找工作。

「企業好像討厭履歷表上有空白的人。大學畢業後什麼都沒做，只是一味地找工作的話，給人一種不積極，實力不夠，懶惰等負面的感覺。所以最近選擇延畢的人變多了。像我們學校，只要付十%左右的學費，就能夠延畢一學期。」

即使畢業所需的學分已經全部取得，只要不交畢業論文，就能夠申請延畢找工作，這些學生稱為「就業準備生」。就業市場日漸惡化，就業準備生的人數也日漸增加。

二〇一七年十一月，韓國知名的求職網站「Albamon」（https://www.albamon.com）以延畢者為對象做的調查顯示，「為了求職而延畢」的學生接近五十五%。特別是不利於求職的人文科系，有七十．九%的學生選擇延畢。

但是對大學來說，並不喜歡這些不付學費，或是只付少少的學費只是為了維持學生身分的就業準備生。因此有不少大學規定，要延畢必須至少要修一門課（學分）以上的課程。二〇一七年二月，根據韓國教育部針對一百四十所大學所做的「延畢學生人數及總註冊費現況」之調查顯示，有延畢制度的一百零四所大學中，六十七所（六十五%）大學要求延畢生必須修課。

以延畢一學期必須修一學分以上的課來說，私立大學的情況，必須要支付平均六十～七十萬韓圜的學分費。因此學生之間也批評這是「因為就業困難，害我們必須要付錢買在學生的身分」。爲了就業而去補習的費用，已經讓學生們的經濟負擔很沉重，還被學校要求修不需要的學分，讓他們很不滿。結果，國會提出了名爲「禁止強制徵收延畢生註冊費法」的高等教育改正法，並自二〇一八年十月開始施行。根據此法律，大學無法強制延畢生繳納學費或註冊費。但是大學仍以圖書館或餐廳等設施使用費，或是就業課程學費等名目，向延畢生收取數十萬元的費用。學校的立場是，法律只是禁止修課的義務，所以並沒有問題。結果，即使修法了還是沒有減輕學生們的負擔。

有如地獄般的實習競爭率

前面提到的崔同學，從高中時就以考上警察大學，畢業後自動成爲警察爲目標，但考了兩次都沒考上，轉而進入首爾市立大學歷史學系就讀。爲了克服主修人文學系及女性這兩個不利因素，崔同學從入學開始就很積極地培養就業必要的技能。

「我的目標是進入電影產業工作。因爲韓流在華語圈很受歡迎，所以我學習中文，大二結束時休學一年，到臺灣短期留學。回來之後升上三年級，我開始去電影學院補習班，學習電影工作所需的作品集製作及電影實務。其他還有像是考取多益、托福及口說的證照，以及電腦的證照等等。語言成績必須要拿高分，所以現在也是持續學英文與中文。」

但是崔同學說，就業最重要的是「實習」。「電影發行公司因爲沒有限制大學的主修，是最受到人文學系女學生們青睞的工作。我的第一志願CJ E&M隸屬韓國企業排名第十五名的CJ集團，是韓國第一名的電影公司。國內的錄取率一直都是個位數，競爭相當激烈。我打算申請今年九月下半年的公開採用考試，但講眞的，我不覺得自己一次就能考上。應該說，十月的實習申請才是我的主力。」

韓國的企業很積極地運用實習來錄取員工。有別於正式錄取，另外招募實習者，端看實習期間的業務表現，轉爲正式員工的例子也很多。再者，即使實習後沒有被錄取爲正式員工，像這樣短則二個月，長則半年的實習，能夠體驗企業文化及實務，對學生們的就業活動來說是相當重要的經驗，因此，爲了成爲實習生，必須通過那扇不輸就業的窄門。

「就業準備生聚集的網路社群中，只要看到有人留言說他有實習的經驗，就可知道大型企業錄取實習的競爭率高達數百倍。我也聽說外縣市某廉價航空的錄取實習的競爭率爲一百八十倍。爲了成爲實習生，跟找工作一樣，必須要提出相關書面資料，接受筆試及面試。特別是實習用的自我介紹有別於形式固定的考試，內容自由書寫，因此非常講求寫作技巧。我從暑假開始，就跟在網路社群認識的人組了讀書會。四～五人定期聚會，互相評論各自的自我介紹文，互相給建議。」

轉爲正式員工的機率很高，大企業或公共企業的實習經歷也對找工作很有幫助，被稱作「金實（金＋實習）」。意思是有如金一般貴重的實習。亦或稱作「貴族實習」。另一方面，中小企業的實習，大多是爲了彌補人手不足，工作內容也相對單純，薪水不多，加班是常態，不少例子是連週末也要上班。

金承均（三十歲）畢業於首爾某大學國文系，現在正積極準備公務員考試。他三年前在某雜誌社做了三個月的無薪實習。

「大四的時候，教授推薦我進入雜誌社實習，但完全沒有給薪水。一開始就有說不會給薪水，所以已經有做好心理準備了，但是連交通費跟餐費都是自付，經濟上實在是有點辛苦。本來想說應該可以累積經驗，結果只是做一些簡單的工作，像是資料影印、開車、轉錄記者的訪問等。最後因爲經濟問題，加上覺得對就業沒有幫助，公司問我要不要延長實習，我拒絕了。」

像金先生的實習被稱作「土實（土＋實習）」，或是用流行語的說法是「衛生紙實習」。「土實」是韓國年輕人中階層最低的「土湯匙」與「湯匙」的合成語。而「衛生紙實習」則是有如衛生紙一般，用完即丟的實習。利用年輕人想要體驗工作的「熱情」，用低薪或甚至無薪要他們工作，也因此誕生了「熱情剝奪」的流行語。

二〇一四年，曾發生韓國代表性公開市場（網路購物商城）的 We Make Price 與知名設計師捲入「熱情剝奪」的議論。We Make Price 以轉換成正式員工爲條件，錄取了十一名實習生，但一過了契約時間，就馬上解雇他們，We Make Price 公司遭到輿論的批判。人氣設計師李相奉，過去曾設計過韓國前滑冰國家代表金姸兒選手的衣服，也因爲用十萬韓圜（約二千三百新臺幣）的薪水錄取實習生而遭到批評。

實習生的「熱情剝奪」問題不僅限於民間企業。根據二〇一五年韓國國會的調查，韓國政府派遣至駐外使館的實習生，有八十七%是無薪水的。

超級競爭社會的韓國，不僅正式員工，連實習生也存在激烈競爭及排名。

IKEA世代就業必備的八大條件為何？

就讀首爾崇實私立大學經營學系的崔震（二十七歲），是延畢一學期專心投入找工作的大學生。從去年初開始正式投入就業活動的崔同學，在去年上半年、下半前，以及今年上半年的公開招募，分別投了三十多間企業。

「我已經投了大約一百間有聽過名字的大企業，結果除了三星電子之外，其他在書面審查階段就被刷掉了。三星電子在書面審查階段，會錄取最終招募人數數十倍的名額，所以即使通過書面審查，也不代表就得到好的評價。以我的條件來說，要通過書面審查是很困難的。」

這邊說的「SPEC」，指的是就業所需要的技能或資格。對考生來說是影響入學考試的評價項目，在結婚市場則是指對方的條件。簡言之，「條件好的人＝優秀的人」。意指產品樣式的「SPEC」，逐漸被用來代表人的水準。

韓國的大學街流傳著就業必要的「八大條件」。畢業學校、大學成績、海外語言研修、多益成績、大企業針對大學生舉辦的公開招募展、證照、實習，以及志工活動。

崔同學從大學時代就很努力累積八個條件。首先，他為了提升大學成績，重修了六個科目（學分）。

「一般來說，大學四年的成績，最少也要拿到三．五以上（B＋以上）。教養科目只要有一科低於B，就很難進入大企業。我大一大二的時候有六個科目沒拿到高分，所以也重修了。滿分四．三分，我的成績大概是三．八分。大部分的科目都是相對評分，所以低年級的時候重修比較有利。高年級的話大家就會以就業為前提努力念書，因此要取得好成績也比較難。大四的時候，滿分是一百分，有些科目甚至會出現修課學生平均分數爲九十七分的情形。」

除此之外，崔同學還參加了美國德州大學一年期的語言研修課程，擔任一個月的志工，帶領小孩前往德國法蘭克福進行海外營，於知名IT新創公司實習三個月的經驗。他也曾想出運用SNS宣傳的點子，並獲得某大型銀行公開招募展的青睞。同時擁有多益成績八百五十分，多益口說七級，中國語檢定（HSK）三級，資訊處理師，及韓國史的證照。

「爲了取得更多條件，連跟就業無關的證照都拿到了。但取得條件所需的費用相當可觀。語言補習班的費用，一門課一個月就要花約二十萬韓圜，非常傷荷包。考量到經濟上的負擔，現在改以網路授課的方式學多益及中文。爲了能夠錄取大企業，多益要考到九百分以上才能放心。中國語檢定也只有三級，下次考試打算拿到五級的證書。」

崔同學靠著學長姐們的建議，努力提升自己的條件，但投了一百間公司都沒錄取，似乎喪失了自信心。

「第一關的書面審查就連續嘗到苦頭，我擔心是否是因爲畢業學校的關係。網路上說，如果不是從前五大學（首爾大學、延世大學、高麗大學、西江大學、成均館大學）畢業，要進入大型企業相當困難。但時至今日也沒辦法改變畢業學校，只能一直苦惱著要如何通過書面審查。」

像崔同學一樣，擁有很多條件但卻無法找到穩定工作的年輕人，稱作「IKEA世代」。將教育水準跟條件都很優秀，卻因爲就業困難而無法規畫未來的二十～二十九歲世代，比喻成瑞典家具品牌IKEA。IKEA具有出色的設計，價格也相對便宜，性價比很高，爲了短期使用而購買的新婚夫妻或社會新鮮人不在少數。同樣地，IKEA世代具備各種證照級語言研修，比年長世代具備更好的能力與條件，但多數只能找到非正式員工、實習或約聘這類低薪又短期的工作。經過雷曼兄弟危機，韓國於二〇一三年起正式進入低成長時代，即使從好的大學畢業，擁有優秀的條件，甚至從海外留學回來，也不代表就一定能找到穩定的工作。

不斷加劇的條件打造

私人機構「大學明日二十世代研究所」於二〇一六年以準備就業的學生五百人爲對象實施的問卷調查顯示，韓國的就業準備生每人平均擁有五．二個資格證照，每年平均花費超過一百三十萬韓圜取得這些資格證照。

二〇一七年畢業於京畿道某大學中文系的韓寶拉（匿名，二十四歲），從小的夢想就是成爲主播。但是畢業於外縣市的大學不利於考取主播，於是她改變目標，從競爭率較低的氣象主播開始挑戰。

「因爲不是畢業於位在首爾的大學，而是外縣市的學校，所以在資格條件上我也是花了很多力氣準備。我擁有三種英文證書，也取得中國語檢定六級。除此之外，我還上了去『放送學院』上了六個月的司儀課程。不完全是爲了求職，我還接受了眼睛跟鼻子的整形手術，還去診所看減肥門診。」

即使如此，求職考試連續被刷掉而相當苦惱的韓同學，開始尋找別人沒有的特殊技能。她接著參加了就業相關的網路社群舉辦的工作坊，登記參加接受自費出版指導的「作文輔導補習班」。聽說有著作的話有利於進入媒體業界工作。韓同學花了一千萬韓圜去補習班上課，但還不是全部。「一千萬韓圜只是輔導費用（課程費用），要出版的話，要再花數百萬至一千萬韓圜。補習班的老師說，如果只是要出版的話，大概需要五百萬韓圜，如果加上行銷服務費用，則需要一千萬韓圜。爲了取得出版社的資訊或資料，還需要追加數十萬韓圜的費用。」

韓同學認爲不能再求助雙親的幫忙，以年利息三十%的條件，跟儲蓄銀行貸款了五百萬韓圜的出版費用。但是硬著頭皮出版關於中國文化的「文章」也沒有什麼效果。「我也是後來才知道，出版已經是很常見的方式，結果也沒什麼效果。聽說最近流行設立網路媒體。這跟出版一樣，付了數百萬韓圜去補習班學技能，但結果也是交由業者代為操作。況且設立媒體的話，刊登的內容需要時常更新，據說比出版還要花錢。」

現在，韓同學為了償還跟儲蓄銀行借的五百萬韓圜，於咖啡廳或便利商店等地四處隨機打工。

「只靠現在的打工很難償還全部的金額，相當不知所措。我正在找尋能夠在短時間內一口氣賺很多的工作，但因為是女生，體力活也是很辛苦。今年以還債為優先，找工作就再說。」

求職專門網站「JOB KOREA」（https://www.jobkorea.co.kr）以大學三至四年級學生一千三百七十四人為對象，進行了「為了求職而補習的經驗」調查，三十九．二％的人表示「為了求職曾經補習過，或是現在正在補習」。有三分之一的人（三十三．三％）為了「取得跟主修有關的證照」而補習，還有二十七．五％的人為了「取得電腦的證照」而補習。其他還有像「英語會話」（二十三．二％），「求職諮詢」（二十一．四％）等各式各樣的補習課程。

結果，每年惡化的就業狀況，使得以就業準備生爲對象的教育市場持續擴張。外文條件中，跟英語一樣受到歡迎的中文教育市場，也急速擴大至六千億韓圜的規模，而英語的證照考試，除了既有的多益或托福，也增加了不少新種類的證照考試，每種皆大幅成長。在補習班密集的江南及鍾路附近，像是指導面試技巧或自我介紹的書寫方式等全方位的「就業諮詢補習班」也如雨後春筍般出現。除了面試與自我介紹，還包含說故事或討論等技巧，上完全部的課程需要花數百萬韓圜。每次的課程費月約二十萬韓圜，如果付四百至五百萬韓圜，就能夠一直指導到找到工作爲止。在江南，針對那些希望考上空服員的學生，一個月收取兩百萬韓圜學費的就業諮詢補習班也相當盛行。託年輕人的就業困難的福，補習街的生意相當興隆。

2 N抛世代與湯匙階級論

國考生全盛時代

畢業於慶熙大學的朴準秀（三十歲），正努力準備考試，目標考上九級公務員。慶熙大學是韓國前總統文在寅的母校，被視爲韓國前十的名門大學。因此自全州的高中畢業，考上慶熙大學的時候，對父母親來說他是令人驕傲的兒子。但是大學畢業後，到現在還無法找到工作，他已經三年沒有見到住在全州的雙親了。

「大企業的求職考試一直被刷掉，從去年春天開始以考上公務員爲目標。雖然大家都說慶熙大學是好學校，但是學長姐都說，這樣的學歷還是不足以進入大企業工作。實際上超過一百位的同期之中，只有三~四人進入大企業工作。如果要進入中小企業，那還不如選擇穩定的公職，所以決定以考上公務員爲目標。」

像朴準秀一樣，以考上公務員爲目標的就業準備生，一般稱作國考生，或是國考族。根據統計廳的調查，韓國有四十%的就業準備生是國考生。韓國的公務員考分爲九級、七級與五級，大部分的國考生都以九級公務員爲目標。

韓國的公務員體系分成一～九級，其中又以九級爲最低（類似臺灣的普考）。只要考上九級，不需要晉升考試，就能升到三～四級，也能夠一直做到六十歲退休不用擔心被資遣。起薪爲每個月一百四十萬韓圜左右，再加上各種年功俸及獎金，年平均收入爲二千五百萬韓圜，接近中小企業的平均薪資。但跟中小企業不同的是，準時上下班，不用擔心公司倒閉流浪街頭，也不用擔心被裁員。完全採取年功序列制度，接近退休的時候，職級與年功俸也隨之升高，平均年薪可達六千～七千萬韓圜。對求職困難的韓國就業準備生來說，九級公務員完全是夢幻的職場。

由於九級公務員考試並沒有限制學歷，只要年滿十八歲未滿六十歲的人皆可報考。除了像警察或消防員等特定的職位，只靠普通的筆試及面試決定生死。筆試的必考科目爲國文、英文及韓國史。再根據職務領域選考額外兩科目，選考科目也包含數學。考試科目跟大學入學考試非常類似，對於以好成績考進好大學的人來說相當有利。

金媛純爲「公務員Journal」的記者，專門提供九級公務員考試資訊給考生。他提到，九級公務員考試受到年輕人的歡迎，是ＩＭＦ危機之後的事情。

「ＩＭＦ危機之前，九級公務員並非大學畢業生會選擇的職業。但是ＩＭＦ危機之後，在選擇職業上最重視穩定性，因而成爲受歡迎的職場。像現在瘋狂競爭的情況，是從朴槿惠政權的時候開始。李明博政權將九級公務員的考試科目調整成與大學入學考試相當接近，並於朴槿惠政權開始實施。李明博政權爲了讓那些無法上大學的高中生，不需要另外準備，也能夠參加公務員考試，因此變更了考試科目，但這也導致了一流大學的畢業生剝奪了高中畢業生的工作機會。文在寅政權時增加了公務員的名額，競爭率多少有下降，但二〇一八年的競爭力還是高達四十一倍。不僅大學畢業生，連研究所畢業生、有國外留學經驗的人都來報考九級公務員考試。」

二〇一七年五月就任的文在寅總統，爲了創造年輕人的雇用，提出增加公務員名額的政見。文在寅在選舉期間提出「必須要終結小政府比較好的迷信。政府將馬上增加公部門的雇用名額。」五年的任期中，公部門創造了八十一萬名的雇用名額，其中公務員的名額增加了十七萬四千人。實際上在二〇一七年一年之內，公務員的人數就增加了約二萬名，政府預算所需的公共領域雇用名額也增加了一萬二千人。這使得政府公務員所需的人事費用，較前一年增加了七兆六千億韓圜。

但是公務員的名額增加，並非解決青年失業問題的特效藥。二〇一七年下半年開始，文在寅政權正式增加公務員名額，但年輕人（十五～二十九歲）的失業率反而是每個月持續惡化。二〇一七年十月八・六％，十二月九・二％，二〇一八年二月九・八％，四月甚至上升至十一・六％。很多年輕人放棄求職，花費多年時間準備公務員考試。

人口五千萬人的韓國，現在公務員人數爲一百零二萬人，如果文在寅的政見順利執行，到他任期結束的二〇二二年，會增加到一百二十萬人。在人口減少及急速高齡化，勞動人口減少的情形之下，只有用稅金養的公務員持續增加。再者，即使投入龐大的政府預算，就業還應還是持續惡化。

國考生的聖地、鷺梁津

大考生的聚集地是大峙洞的話，那國考生的聖地就是鷺梁津。鷺梁津位於首爾市中心，地理位置相當好，距離首爾車站或龍山車站也很近，對外縣市的人來說也很方便。一九七〇年代末期，政府實施了人口密集地區解決方案，原本位於鍾路的知名大考補習班大舉遷移至鷺梁津。知名補習班一旦聚集，就會造成以考生爲首的人口激增，自然而然形成商圈。進入九〇年代，孩子們的考試補習班逐漸聚集在以大峙洞爲中心的江南地區，鷺梁津則成爲準備公務員考試及國家資格考試的成人補習街。特別是從外縣市來首爾的學生們，就住在補習班密集的鷺梁津，鷺梁津作爲「考試補習街」，因聚集了各種補習班而繁榮。

考試一詞，意思是給予資格，或是爲選拔高級公務員而實施的國考。例如成爲法官的司法考試，選拔行政職等五級公務員的行政高等考試，選拔外務省五級公務員的外務考試等（現在司法考試與外務考試已經廢止）。但最近被廣泛運用在所有國家舉行的考試。

前面提到的朴準秀，他就住在鷺梁津的考試院。考試院在大學附近或是補習街相當常見，主要是租給考生的房間，就很像大學宿舍一樣，狹窄的房間並排。而且這類的房間並非住宅，不受住宅法的規範，而是根據鄰近生活設施分類，很多甚至不具備居住的最少必要條件。舉例來說，國土交通部規定一個人最小的居住面積要十四平方米，但考試院通常只有七～十平方米的一間房間，連煮飯的空間都沒有。有些房間沒有窗戶，有些是正中間有根柱子，有些則是格局不方正。一開始稱作「考試院」，但帶有否定負面的意思，最後在考試後面加上飯店「HOTEL」的 TEL，「考試 TEL」也成爲普遍使用的名稱。

朴準秀住在約十平方米的房間，裡面只有一張單人床跟書桌。玻璃牆壁隔間內有淋浴及簡易的馬桶。但只要一淋浴，房間內的溼度就會上升，因此必須一整天都開著窗戶。房間內沒有煮飯的空間，入住者大家一起共用廚房餐廳吃飯。

「以前住在大學附近的考試院，自從開始準備公務員考試之後，就搬到鷺梁津了。房租一個月五十五萬韓圜。房間比以前住在慶熙大學的還小，但房租卻貴了二十萬韓圜。在這邊要找到五十萬韓圜以下的房間相當困難。偶爾會出現四十萬韓圜左右的房間，但那種房間不是沒有窗戶，就是要共用廁所。」

朴準秀除了補習，其他時間都在「讀書室」度過。不論平假日，過著早上七點至讀書室報到，晚上十二點才來離開的日子。徒步約三分鐘距離的讀書室，是由大型補習班經營的連鎖讀書室，因嚴格控管使用者的行程，而被稱作「管理型讀書室」。

「進去的時候需要刷時間卡。離開的時候也要。讀書室稱作『上班』『下班』。舉凡吃飯、抽菸、去廁所等需要外出的時候，都需要刷卡，所以能夠知道實際的念書時間。每個月一號會公布上個月的讀書時間排名，排名前面的學生，就能夠獲得下個月讀書室費用的獎勵折扣。即使沒有拿到獎勵折扣，看到其他人的讀詩時間，也能夠激勵自己要更努力。」

鷺梁津的管理型讀書室都會配國考生出身的管理人，幫助考生組讀書會或讀書。也會針對讀書時間較少，或是持續缺席的學生進行個別諮商。讀書室的費用以月爲單位支付，像朴準秀去的讀書室，固定座位爲二十三萬韓圜，自由座位爲十七萬韓圜。

「有兩個固定座位室及三個自由座位室，但選固定座位的人也可以選自由座位。我一般都座固定座位，一旦讀到一個瓶頸，或是覺得苦悶的時候，就會移到自由座位。我覺得改變氣氛也能提升讀書效率。」

像這樣的讀書室稱作高級讀書室，跟一般讀書室那種狹窄苦悶的氣氛完全不同，室內擺設很像咖啡廳，具備最高級的桌椅、空氣清淨器等最新的設備。基本上二十四小時營業，多半是由大型補習班集團於全國連鎖開設。

但是國考生的聖地鷺梁津，最近卻急速崩壞。根據金記者的說法，是因為物價上升，以及網路授課的普及所造成。

「與考試相關的各種產業聚集，國考生之間已經形成『準備考試就要在鷺梁津』的固定觀念。因此，鷺梁津的『考試街』發展成為現在一年五兆韓圜的巨大商圈，物價也日漸上漲。以無隔間的房間來說，鷺梁津比大學街還高出二十萬韓圜。鷺梁津的知名美食『紙杯丼飯』（用紙杯盛裝的丼飯），這幾年價格也持續飛漲。原本的紙杯丼飯既便宜又可外帶，在哪都能快速解決一餐，但現在漲到一碗六千韓圜。最近因為物價太貴，離開鷺梁津的國考生也持續增加。加上網路授課普及，不用特別前往鷺梁津，在家裡也能夠讀書，更加速了國考生搬離鷺梁津。從外縣市來的國考生也選擇前往物價較便宜的新林洞。」

朴準秀也打算近期之內搬離鷺梁津。

「新林洞離這邊很近，通勤補習也沒問題。最近也有不少國考補習班移到新林洞。新林洞的房間價格也比鷺梁津便宜三到四成。如果今年還是沒考上，我打算搬到新林洞，再努力一年看看。」

新林洞位於首爾大學附近，原本是準備司法考試的考生聚集地，但二〇一七年廢除司法考試之後，人潮銳減。取而代之是因鷺梁津的高物價，爲尋求便宜房租的國考生。從鷺梁津搭電車十五分鐘就能抵達新林洞，成爲國考生的新聖地，也再度熱鬧了起來。

國考生的七十%有自殺症候群

韓永宇（二十七歲），畢業於國民大學，現在正準備中等教師任用考試。

「二〇一六年大學畢業之後，當了一年的正式講師。從二〇一七年一月開始準備教室任用考試，目標成爲物理老師。公務員考試一年有三次，但教師任用考試只有一次。因此周遭的氛圍比國考生來的還要肅殺。」

九級公務員的考試，分成中央職缺、地方職缺及首爾市政府職缺等，一年有三次考試的機會。再加上七級的考科跟九級類似，所以也有不少考生會參加七級的考試。但是教師任用考試全國一年只有一次，也不像公務員每年有固定錄取名額，而是遇缺才補，所以競爭又更爲激烈。

「去年我參加了京畿道的考試，因爲錄取人數最多。預計錄取三十六人，但卻有二百五十人報考，競爭率約七倍。今年京畿道預計錄取十人左右，可能會更難考。所以今年我決定轉往仁川考試，因爲仁川的錄取人數應該會比京畿道多。」

韓永宇每天早上就會從位於京畿道光明市的家前往首爾市鷺梁津。

「從京畿道通勤距離上感覺有點遠，但搭上特急電車的話只需要十八分鐘就能抵達鷺梁津車站。補習班的課室每週二六日，但爲了在補習班的授課教室讀書，所以我每天都來。補習班的課大概從早上九點開始，中途會有兩次休息時間，然後一路上到下午兩點。根據上課科目的不同多少爲有些差異，但只要在早上六點之前抵達，就能夠占到很前面的位置聽課。」

跟大峙洞的大考補習班一樣，占位在鷺梁津的考試補習班，競爭也是相當激烈。因而出現了「SNS認證」。

「以前會用筆記本占位。很多人都提早來放筆記本，然後跑去附近的三溫暖休息。後來更有住在補習班附近的考生，前一天晚上偷偷跑來，在位置上放了筆記本就回家。此舉造成問題，因爲占位衍生的爭吵事件層出不窮。因此，考生們設立了SNS聊天室，將能夠證明擺放筆記本時間的照片上傳。」

很難想像大人們會因為占位而拉高分貝吵架的場面，但準備考試的人比較敏感，即使是一些細微的小事情，也能演變成大爭吵。

「以前會在讀書室念書，但覺得氣氛很緊繃，所以就不去了。像是按原子筆或自動鉛筆的聲音，或是翻筆記本的聲音，在讀書室都會被其他人提醒。還曾經看過有人留紙條說『看到每天買星巴克的咖啡，浪費的行為看了就令人煩躁，完全無法集中。請自己多注意。』因為彼此是競爭對手，多少還是會在意，但一些小事就會被別人抱怨，像這樣互相監視彼此日常的氣氛真的令人受不了。」

鷺梁津銅雀區的「心理健康中心」，於二〇一四年及二〇一五年診察區域內的就職準備生及國考生，結果發現一百二十人之中，有七十%（八十四人）被歸在具有憂鬱症或自殺衝動的危險群。這個數字高於一般人平均的三倍之多，中心的專家說，「長期的考試讀書準備，對未來的不確定以及內心的寂寞等，形成他們的壓力，成為誘發憂鬱症的原因」。

過度的壓力，也使得國考生的自殺新聞層出不窮。二〇一七年三月，位於首爾住宅區的某公園，一位準備公務員考試的三十多歲男性，被發現上吊自殺。他的口袋中發現遺書，寫著「我沒有好好準備考試就去考了。我對不起父母親」。同一年的四月，在清州的某高速公路休息區廁所，發現二十多歲男性上吊自殺。根據警察的說法，這位男性準備了四年公務員考試都沒考上，準備跟母親一同返鄉。二〇一八年六月，一位在水源準備公務員考試的二十多歲男性行蹤不明，經過一星期之後遺體被發現。根據擺放在現場的酒瓶及硝酸鈉，警方研判為自殺。

OECD成員國之中，韓國年輕人的自殺率最高。毫無疑問地，嚴酷的就業市場令人感到絕望，就是原因之一。

薪資的兩極化

今年二月畢業於外縣市某國立大學的崔釉娜（二十四歲），經過短時間的求職，於七月初進入中小企業上班。

「一開始就覺得要進入大企業上班是很困難的，所以決定找中小企業的工作機會。我大學主修經營學，希望進入經營企劃支援室或財務室工作。今年七月，我錄取了位於仁川工業區某電梯零件公司經營支援室的工作，員工人數七十位，算是小有名氣的中小企業，競爭率約一百倍。」

崔小姐剛錄取的時候內心無限欣喜。但那份喜悅，很快就因為忙碌的業務，使身心皆感到無比疲憊。

「上班第一天晚上七點下班，但從第二天開始每天都加班到晚上十點半。很多時候還沒辦法吃晚餐。可以在晚上七點至七點半之間到公司餐廳用餐，但上司如果沒有吃，我也沒辦法離開座位。結果只能靠泡麵果腹，很多時候是直接餓肚子。週六也要上班。財務組只有主管跟我，即使週末想休息也沒辦法。上司理所當然地認為週六就是要上班。」

結果，崔小姐一個月後就向公司提出辭呈。

「業務繁忙，加上在這間公司我覺得自己無法成長。因為人手相當不足，沒有可以教我工作的前輩或上司，也沒辦法學習如何工作。對於大學剛畢業的我來說，能夠做的事情也沒幾件，結果只能被交辦一些雜事。」

根據業種多少有些差異，一般來說，年營業額一千～一千五百億韓圜以下的公司，在韓國被歸類為「中小企業」。根據韓國中小企業新創部的「中小企業現狀」統計，中小企業占企業整體的九十九．九%，占整體雇用市場的八十九．九%（二〇一七年資料）。但是韓國的求職生避開中小企業的現象相當嚴重。主要是因為低薪及惡劣的工作環境所致。

根據二〇一七年「JOB KOREA」的調查顯示，四年制大學畢業生第一年的年收入，中小企業平均為二千五百萬韓圜，大型企業為三千八百萬韓圜，約差了一千三百萬韓圜。像是現代汽車（五千三百萬韓圜）、SK海力士（四千五百萬韓圜）、三星電子（四千三百萬韓圜）等十大財閥企業第一年的年收，比中小企業的課長等級還要多。公司福利及工作環境也是天差地別。中小企業像崔小姐的公司要求自主加班或假日出勤的例子也不在少數。

中小企業低薪及工作環境惡劣的原因，是因爲韓國的經濟成長過度依賴大企業。在韓國，年營業額超過十兆韓圜以上的企業才屬於大企業，但整體來說只有三十一間公司屬於大企業。代表性的大企業群，像是三星或現代這些知名的財閥集團，旗下就有約四千間關係企業。但是這些大企業占韓國整體經濟的比例，總資產占六十%，出口占六十六・三%，投資占七十一・四%，附加價值則占韓國GDP的十三・五%（「韓國經濟研究院」二〇一七年的調查）。

只占韓國整體企業〇・一%的大企業，卻占了韓國經濟的一半以上。在這樣的結構之下，多數中小企業的勞動環境只能惡化，不可能達成韓國年輕人所期待的高薪資及穩定的雇用。即使在工作難找的情況下，中小企業這幾年仍苦於人手不足。

文在寅政權認爲中小企業與大企業的薪水差距，是年輕人猶豫去中小企業上班的原因，因此針對在中小企業上班的年輕人，實施前三年能夠領到三千萬韓圜政府補助金的政策。每年補助一千萬韓圜，爲了就是要消除與大企業之間的薪水差距。但是這個政策卻受到年輕人的冷眼看待。目標考上大企業而邁入第二年求職生活的崔震說，政府根本搞錯問題的本質。

「過了三年，還是會發生薪水差距，沒有人會為了拿補助金而見到中小企業上班。反而會覺得不要浪費三年的時間。即使有從大企業換到中小企業工作的人，但幾乎沒有人能從中小企業換到大企業上班。韓國社會是用工作職場決定一個人的位階。沒辦法進入大企業工作，就只能一輩子過著庶民的生活。」

N拋世代與人口斷層

韓國年輕世代的流行語中，「N拋世代」一詞帶點自嘲的意味。代表「全部」的不定數「N」，與「拋棄」的第一個字「拋」，合在一起變成「N拋世代」，意思是因爲嚴峻的經濟狀況，拋棄全部的世代。

放棄戀愛、結婚及生產的「三拋世代」一詞，出現於二〇一一年，爾後，媒體大肆報導年輕人失業率增加，以及非正規勞動者的增加。從二〇一五年左右開始，這一詞就變成流行語而被廣泛使用。之後，三拋再加上放棄就業及放棄買房的「五拋世代」，以及不得不拋棄人際關係及夢想的「七拋世代」，經過多次演變，現在已經進化成拋棄人生的所有而活的「N

拋世代」。

在鷺梁津的考試院準備公務員考試的朴準秀，很早就放棄戀愛及人際關係，只專注在考試上面。

「戀愛雖然花錢，但最浪費的是時間。睡覺時間不到五小時，為了節省吃飯時間而選擇一個人吃飯，對我來說，沒有時間戀愛。我已經一年以上沒跟朋友見面喝酒，三年沒見到故鄉的雙親。自從開始準備考試，中秋節、聖誕節、新年等大型節日，對我來說都是上班日。因為打工的薪資會加倍。我已經三十歲了，不能一直靠父母給生活費準備考試，除此之外我也只能努力。」

目標當老師而準備教師任用考試的河英勇宇兩年前開始談戀愛。但他一個月內能跟女友見面的時間只有一個多小時。

「我一個月一次，週日的中午，在補習班附近的餐廳跟女友約會。因為補習班週日也有課，跟女友吃完午餐之後，必須馬上回到補習班唸書。只有一個小時的約會時間，女友還特地跑過來，對他感到非常抱歉，但是她提議一個月約會一次。她可能想等我考上之後就馬上結婚，但是講真的，就算我順利考上，還需要再花幾年才能存到結婚基金。」

離開中小企業之後，再度回到求職戰場的崔釉娜，正思考著離開韓國。

「再度回到就業準備生的身分，比以前更不知所措。我現在很後悔讀了大學。讀專門學校，或是高中畢業可能還比較好找工作。如果還是很難找到工作，看狀況也考慮挑戰打工度假。先前往海外一年，如果能夠定居在海外的話，就直接住下來。」

N拋世代的絕望感，也跟韓國存亡有直接關係。根據韓國統計廳「二〇一五年人口住宅總調查」（五年公布一次）的統計，年輕人的未婚率急速增加。二十～二十九歲從二〇一〇年的八十六．八%增加至九十一．三%，三十～三十九歲從二〇一〇年的二十九．二%增加至三十六．五%。特別是兵役或就業問題而延後結婚的男性，三十～三十九歲的未婚率高達四十四．三%。統計更預測二〇二五年三十～三十九歲男女的未婚率會超過五十%。

年輕人的未婚率增加，也大大影響了出生率。根據韓國統計廳「二〇一八年出生統計」，二〇一八年韓國的合計特殊出生率（每位女性生涯所生產的小孩人數平均）爲〇．九八人，是有紀錄以來史上最低，一年內出生的新生兒僅三十二萬人左右。比二〇一七年的一．〇五人還低，成爲世界第一個跌至「一」以下的國家。前所未見的情況威脅到國家的存續。

年輕人不生小孩的理由，大多是因爲經濟的問題。根據女性家庭部「二〇一五年度家庭實際狀況調查」顯示，考量到經濟問題，二十～二十九歲有五十二．一%，三十～三十九歲有三十七・三%的人沒有生育計畫。

統計廳根據二〇一六年的人口推估，推測「二〇二八年左右總人口會開始減少」，但出生率比預期還來的低，因此在二〇一九年三月公布的「未來人口特別推估」，預估韓國總人口自然減少的時期，將提早至二〇一九年下半年。

二〇〇六年，知名的人口學家，同時也是牛津大學教授的大衛科爾曼指出，會因爲少子高齡化而消失的國家，最危險的就是韓國。韓國國會立法調查處於二〇一四年預測，韓國人口將於二一〇〇年減少至二千萬人，並於二七五〇年從地球上消失。韓國的歷代政府，從少子化問題日漸嚴重的二〇〇六年開始，至二〇一六年爲止，總共投入了約一百兆韓圜，二〇一七年上臺的文在寅政權，兩年間各投入了五十兆韓圜。但是二〇〇六年一・一二人的出生率，到了二〇一八年變成〇・九八人，成爲全球出生率最低的國家。再這樣下去，韓國消滅的日子可能會提早到來。

地獄朝鮮與湯匙階級論

不得不放棄人生中各種大事，韓國的年輕人們將這樣的韓國稱作「地獄朝鮮」。意思是有如地獄（HELL）般辛苦度日的國家。不是用韓國，而是用朝鮮一詞，好比十四世紀至二十世紀初期統治朝鮮半島的李氏王朝，意思包含近代以前，不合理，存在著階級與差別的國家。

除了地獄朝鮮，韓國年輕人還創造了新的「湯匙階級論」。根據「湯匙階級論」，韓國表面上沒有身分的差別，社會階級之間是能夠自由移動的，但實際上社會是近代之前，即出生的環境就決定了階級。「湯匙階級論」是從英文的慣用語衍生而來，「含著銀湯匙出生（Born with a silver spoon in one's month）＝生在富裕家庭」。比起個人的努力或才能，階級（經濟地位）是靠父母親的財力來決定。湯匙階級論將富裕的孩子稱作「金湯匙」，位居中間的稱作「銀湯匙」，庶民是「銅湯匙」，最底層則是「土湯匙」。在看各自的條件區分，「金湯匙」是出生在資產二十億韓圜，或是年收二億以上家庭的孩子。「銀湯匙」是資產十億韓圜，或是年收八千萬韓圜以上，「銅湯匙」是資產五億韓圜，或是年收五百五十萬韓圜以上，以下的皆稱作「土湯匙」。

湯匙階級論不只年輕人，也滲透至整個韓國社會。根據二〇一八年現代經濟研究院公布的「針對階層提升的國民意識調查」，高達八十三・四%的人認為「不管再怎麼努力也無法提升階層」，與二〇一三年的七十五・二%，二〇一五年的八十一%，二〇一七年的

八十三．四%相比，年年上升。

ＩＭＦ危機之後，韓國社會最大的問題就是貧富差距造成的社會兩極化問題。兩極化從ＩＭＦ危機之前就開始，但ＩＭＦ危機之後，因爲中產階級的崩壞，導致貧富差距急遽擴大。ＩＭＦ危機至今已經過了二十年，韓國社會不僅單純有財產上的貧富差距，在所得、居住、教育、文化、健康等各種領域的差異也持續擴大，形成「多重格差社會」。這樣的兩極化更超越世代，由上一代傳承給下一代的情況加劇，形成了不管多努力也無法提升階層的社會結構。

二〇一六年的「蠟燭示威」大大撼動了韓國，可謂土湯匙階級對社會階層不流動的抗議。朴槿惠前總統的閨密崔順實被發現不當濫用權力，二〇一七年三月，韓國憲法法院對朴前總統提出彈劾。彈劾的原動力就是二〇一六年十月於全國各地發起的蠟燭示威，而示威的起頭是崔順實的女兒鄭維羅的不法入學事件。

崔順實的獨生女鄭維羅，二〇一四年秋天於仁川舉行的亞運騎馬團體賽獲得金牌。隔年，以體保生的資格進入韓國第一的名門女子大學梨花女大。但是她得金牌是在提出入學申請之後的事情，因此被認爲有不法入學的嫌疑。再者，根據梨花女大的招生資格，對象是國際大賽「個人賽」成績前三名者，而非團體賽。

更誇張的是，以這樣的方式入學的鄭維羅，某科目被當，而當掉她的教授馬上就被大學解雇。梨花女大的校規還爲此加上一句「體保生只要提出課堂作業，至少就能夠拿到B」。爲了讓鄭維羅入學，名門梨花女大還爲更改入學資格條件，這樣的不法被媒體踢爆，引起韓國社會的群起激憤。沒想到鄭維羅透過自己的SNS，留下「金錢也是實力」「應該恨父母沒有能力」等炫耀式留言，使國民的怒氣更上一層。

土湯匙們對於不是靠實力，而是靠父母的金錢或人脈決定人生的韓國社會，感到絕望與憤怒的情緒一發不可收拾，最終導致最有權力的總統下臺。

文在寅打著「機會是平等的，過程是公正的，結果是正義的」口號當選第十九屆韓國總統。跟擁有總統父親「金湯匙」出身的朴前總統相比，北韓難民出生的文在寅，是庶民的「土湯匙」出身，受到年輕世代多數的支持。文在寅的當選，象徵了過去由金湯匙推動的韓國社會，轉由土湯匙推動。

但如同前面提到，文在寅政權執政不到二年半的時間，就因爲愛將曹國的不法事件受到批評。這個事件也代表了金錢與權力的世襲，更是將韓國年輕人推入絕望的深淵。

第三章　面臨職場與家庭雙重危機的中年世代

1 裁員的恐懼襲來

變成狗的中年男性

在中小企業當次長的黃盛閔（四十七歲），不覺得自己是很典型的中年人。但是某一天，聽到女同事暗地裡叫他「狗大叔」，他感到相當錯愕。

「狗大叔」是狗跟大叔的合成語，是年輕世代對「沒品的中年男性」所使用的流行語，帶有輕蔑的意味。

黃次長不能理解自己爲何被稱作「狗大叔」。雖然腦中閃過眞失禮的想法，但是又不能因爲這樣，就把女同事們叫來問。黃次長馬上上網搜尋，結果找到了「狗大叔檢核表」。

「狗大叔」是指四十～五十歲，帶有權威，爲了自身的利益而不在乎他人不便的男性。特徵是對女性或社會弱者很強勢，但對比自己地位高的人則會示弱。以下的描述，如果符合任何一項，那你也是狗大叔！

①認爲女性泡的咖啡（茶）比較好喝。
②認爲女性或是店員比自己年輕，就會馬上講半語。
③即使自己錯了，在後輩面前還是會主張自己的說法。
④在地鐵完全不在乎周圍的人，雙腿大開坐著。
⑤爲了更了解對方，會很仔細地盤問對方的私生活。
⑥聚餐是工作的一部分！所有人都必須出席。
⑦曾經讓下屬做自己的私人事情。
⑧強押自己的價值觀於他人身上。
⑨曾經喝醉在公共場合大聲喧囂。
⑩只要自己願意，能夠跟比自己小十歲以上的年輕女性交往。

「還眞的是狗大叔」，黃次長看完之後目瞪口呆。

黃次長每個月二～三次，在工作結束之後找下屬們一起聚餐。每次都是黃次長請客。讓一個人住的下屬們能夠補充營養，也可以消解工作的壓力，所以才找大家聚餐。聚餐的話題總是圍繞著下屬的私生活。「你怎麼還沒結婚啊」「你喜歡什麼類型的人啊」「男人啊就是……」「我年輕的時候……」

黃次長只是想跟下屬談心，但他的所作所爲，都被下屬當成「狗大叔」。

年輕世代對中年男性的反擊

韓語的「狗」一詞，很常被用來作爲輕蔑他人的接頭詞。很骯髒的位子被稱作「狗窩」，鄙視人會用「像狗一樣○○○」「比狗還不如○○○」。狗是人類最棒的寵物，先不討論爲何狗在韓國會遭受這樣的對待，將狗跟大叔合在一起的新造語「狗大叔」的出現，帶給韓國中年男性很大的衝擊。

在韓國的「狗大叔」，可說是年輕世代對既得權勢之中年男性的反擊信號。年輕人在自己較強勢的「網路」空間，用新造語吐露對社會地位強勢之中年男性的不滿。更進一步地延展至線下。

韓國的中年世代，在年輕的時候，容忍了上司或年長者權威般的行爲。在過去，部長、課長，甚至是科長，都會在下屬面前說大話，只要有不滿意的地方就挑毛病，還會跟自己過去的經驗相比，大聲喝斥下屬說「以前就是這樣」。

但是現在的韓國社會，對中年男性也不友善。創造了「狗大叔」一詞，他們無意識做出的行為也一個一個被拿出來檢視。

工作場合當有客人來的時候，拜託女同事倒咖啡，就是「狗大叔」。要下屬提早三十分鐘上班準備會議資料，也會變成「狗大叔」。聚餐時提醒下屬不要一直看手機，也是「狗大叔」。已經變成這樣的世界了。

二十年前，還年輕的他們認為上司們理所當然的行為，到了現在，變成受到社會批判的「職場霸凌」。現在韓國的中年世代，為了擺脫「狗大叔」的標籤，必須要不斷努力才行。

前面提到的黃次長，為了擺脫狗大叔，開始努力學習。

「最近，我從網路上學習『大叔冷笑話』。我也會探詢太太跟女兒的想法，學著如何跟女性員工相處。我身為管理職，就必須接受下屬的評價。如果年輕下屬對我的評價不好，也會對我的人事升遷有不好的影響。所以只能由我主動討好下屬。」

外表也是競爭力，熱衷於美容的中年男性

繼韓樂（K-POP）之後，韓國美妝（K-BEATUY）成為韓流的新浪潮而受到注目，而韓

國男性的美容熱潮，也從過去的「Grooming 族」進化至「Groo-dopter 族」。

「Grooming 族」爲新名詞，意指在美容及時尚方面不惜投資大量金錢的男性，「Groo-dopter 族」則是由 grooming 與 early adopter 兩個詞組合而成，意指爲了美麗的外貌，在購買化妝品，甚至是動整形手術也毫不猶豫的男性。

在大型 IT 公司擔任董事的金敬準（匿名，五十七歲），跟「Grooming 族」相去甚遠。即使冬天乾燥到臉都出現裂痕，他也從來沒有塗過乳液。但幾年前開始一百八十度大轉變，成爲著重外表的「美容男」，爲了看起來變年輕，也不惜動整型手術。契機是四十歲出頭的二代就任董事長的關係。

「第一次召開董事會的時候，董事長坐在一群五十～六十歲的董事們之中，看起來相當年輕。看到董事長的瞬間，突然對自己的老化感到恐怖。」

金董事接受了太太的建議，去整形外科動了去除眼周脂肪手術，還有去除眉間及額頭皺紋的手術。所以現在常被說「看起來像四十幾歲」。「對像我一樣的上班族來說，外表看起來老，就是意謂著該交出位子的時候。往後我也會認眞保養肌膚，努力維持好不容易回春的臉。」

於首爾「美容聖地」之稱的江南經營「BANOBAGI 整形外科」的朴政林院長提到，「我們診所的男性顧客占整體的一成多。最近因爲延後退休的關係，想要維持年輕的中年男性顧客也增加不少。」

根據朴院長的說法，即使同爲男性，隨著年紀不同，想整形的點也不同。

「準備就職的二十多歲男性，爲了給人善良且陽光的印象，多半偏好眼睛或鼻子的手術。另一方面，五十~六十多歲的男性，偏好不需要請假的簡單手術或美容針。像是肉毒桿菌等改善皺紋的治療很受歡迎。」

同樣位於江南的「JF皮膚科」，是受到中年男性歡迎的皮膚美容專門診所。田昌宇院長提到，「顧客中的三十%爲中年男性，顧客的職業也是相當多樣，從大企業的董事、律師、醫生、補習班的講師，甚至連牧師都有。來我們診所的中年男性，最大的目的就是想要有張看起來年輕愉快的臉。在生意上，臉的印象會影響一個人的能力及信賴度。」

爲了那些對手術抱持消極態度的中年男性，田院長開發了「印象門診」，不需要動手術也能改善臉部的輪廓及皺紋。

「印象門診是以我們診所的病人爲對象，從七年前開始的課程。教導如何改變生活習慣，不需要透過手術就能保有年輕的印象。因爲口碑好而廣爲人知，不少來自大企業、工商組織，以及公家機關的授課邀約。」

祥民大學消費者居住學科的李準永教授分析韓國男性的美容熱潮，「主因是過度在意他人眼光的『外表文化』」。

「韓國基本上就是對外表相當注重的國家，這是因爲過度在意他人眼光的外表文化。這跟拿名牌包是一樣的感覺，整形是爲了得到他人的認同。在這樣的『外貌至上主義』社會，外表也跟金錢、學歷、技能依樣，被視爲人所持有的資本的一種。」

根據韓國化妝品產業的統計，即使不景氣的情況之下，男性化妝品仍急速成長。二〇〇八年約六千億韓圜（約一百三十八億新臺幣）的男性化妝品市場，每年成長超過十%，二〇一三年超過一兆韓圜，二〇一八年甚至擴大至一兆二千億韓圜。

在競爭激烈的社會下，越來越多男性認爲年輕的臉龐是「條件」之一，而願意花費時間及金錢投資。

四九開花，五九凋謝

於韓國十大企業之一的「POSCO」（浦項鋼鐵）的 IT 關係企業「POSCO ICT」擔任理事的田在熙，自電腦工程學系畢業之後，一九九〇年進入現在的公司上班。爾後還就讀在職專班，也順利取得經營學博士學位。在進公司二十八年後的二〇一八年，終於就任理事，順利坐上董事的位子。

「我比同時期進公司的同事晚了二～三年才升上董事。一般大概是四十九歲或五十歲左右會升到董事。但是我比較晚才升，反而是件好事。同時進公司的同事，已經有一半以上的人退休了。我今年五十四歲，還能再做一陣子。一旦升上董事，每二～三年董事會的改選，就必須跟三十多人一同競爭董事的位置。如果沒有勝出，就只能辭職。韓國大型企業的競爭是生死戰。每天早上上班刷門禁卡的時候，只要門打不開就會內心一陣緊張。輪到我被開除了嗎？我們公司今年預計裁員一百多人。裁員候補對象爲四十五～五十九歲，根據過去三年的實績決定最終名單。也因爲這樣公司的氣氛降到冰點。即便如此，我們公司還算好的了。三星電子的話，只要滿四十歲，就會進入裁員候補名單內。」

在大型ＩＴ企業東京分公司擔任次長的尹東元，已經放棄升遷了。「我已經放棄升到董事了。海外分公司的主要業務，就是負責接待從總公司來出差的董事。跟在韓國總公司上班的時候相比，這邊眞的很輕鬆愉快。我這個年紀被派到海外，意思就是不會再往上升了。即使結束東京的工作回到首爾總公司，也不期待會有多好的位置。外派原則上是三年，可以延長一～二年。反正已經放棄升遷了，我希望能夠在這邊待久一點，跟家人一同旅行，享受私人的時光。一旦回到韓國，就要再度面對職場的生存競爭了。」

董事的位置好比「星星」的存在，是所有上班族的目標。幾乎所有的上班族爲了達到這顆「星」盡全力也在所不惜。但現實是，大部分的人在中途就敗陣下來，無法順利達成。

二〇一四年十月，企業評價網站「CEO分數」（http://www.cepscpre.co.kr），針對韓國三十間大集團旗下一百八十四間上市櫃公司，進行員工之中董事的占比調查。結果顯示，進公司到升上董事的機率只有〇．八七％，換言之，一百一十五人之中，只有一人能夠坐上董事的位置。

在韓國企業，只要有實力，年紀輕輕就能夠擔任理事。大型企業的董事人事案於五月發表，三星電子或現代自動車，這些代表韓國大型企業，還曾經出現三十多歲就晉升董事的例子而蔚爲話題。但花開得早，凋謝的時間也早，大型企業董事的平均在職期間僅有二年。

企業情報分析公司「韓國CXO研究所」於二〇一八年，以韓國營業額前十大企業的退職董事爲對象，進行董事的平均年齡及工作年數的調查。結果顯示，韓國十大企業中，首次擔任董事的平均年齡爲四十九．六歲，從董事退任的平均年齡爲五十四．二歲。從擔任董事到辭職的在任期間，以二年的二十．九％最多。接下來則是三年（十三．四％），五年（十一．六％）及六年（十．一％）。擔任董事一年就辭職的也有五．四％。CXO

研究所的吳日善所長為此結果下了以下的註解，「四九開花（四十九歲升上董事），五四落花（五十四歲從董事退任），花二絕頂（董事在職期間為二年）」。

「雖然法定的退休年齡為六十歲，但實際上企業內部的退休年齡為五十歲前半，比法定年齡還要小。」

不僅是大企業的董事，大多數的上班族，都面臨嚴重的中年退休問題。

二〇一五年首爾市以一千位五十～六十四歲首爾市民為對象，進行「首爾市五十＋世代的人生第二春實際情況與需求調查」，結果顯示，居住在首爾的男性平均退休年齡為五十三歲，女性的平均退休年齡則為四十八歲。退休後的再就業率僅五十三・三%。韓國的平均壽命為八十二・六歲（二〇一七年），五十歲前半就被迫失業，再就業之路困難重重。

根據求職網站「Incruit」於二〇一八年進行的問卷調查，四十～五十九歲之中，有九十一%的人「實際感受到中年失業率的增加」。像是「四十～五十九歲準備再就業的人增加不少」「四十～五十九歲退職的人變多了」「四十～五十九歲準備創業的人變多了」等等。

現在韓國的經濟，被認為是「ＩＭＦ危機以後最糟的狀況」。最嚴重的是年輕人的失業問題。根據韓國統計廳的調查，二〇一九年四月，韓國整體的失業率為四・四%，年輕世代的失業率為十一・五%，雙雙創下ＩＭＦ危機以來的最糟紀錄。其中，身為社會及家庭支柱的中年失業率也逐漸攀升，已成爲一大社會問題。

對韓國中年男性而言，沒有工作等同於宣判死刑。年輕的時候爲了好的待遇還能夠換工作，一旦進入四十多歲，不管實力再好，要換工作幾乎是不可能的。被籠罩在不知何時會被裁員的狀況下，只能努力生存下來。

中年的在職進修

韓國企業不斷進行職級及年功序列的改革，只靠年紀跟經歷是無法升遷的。反而是年紀越大要升遷，就需要更多的努力。

「以前只要努力工作，時間到了就會升上課長或部長。但是現在要是表現不好，比我年輕的人有可能成爲我的上司。不僅如此，年輕人電腦技能強，外語能力也好，很有可能被拔擢成爲董事。」

在中型製藥公司「Core Farm Bio」上班的朴先準課長（四十五歲），對英文感到自卑。但在戰略室工作的關係，必須要具備英日文等外文能力。

「爲了要得知新藥的資訊以及世界的潮流，必須要看很多英日文的資料。以前重要的資料會委託外部翻譯，但近期因爲經費縮減，所有工作都必須由公司內部處理。一般而言，日文資料會由擅長日文的員工摘要重點，然後上傳至公司內部網站。但英文的資料，因爲最近的年輕人英文都很好，所以就直接上傳。但不擅長英文我看不懂英文資料，也不能拜託下屬幫忙翻譯。所以幾個月前我開始去上英文補習班。」

韓國中年世代努力學英文的狀況，也可以從統計數字中得知。二〇一八年，網路書店「YES24」公布了過去十年英文學習書籍的銷售狀況。結果顯示，二〇一七年購買最多英文學習書籍的年齡層爲四十～四十九歲，占全體的四十一．四%。再加上五十～五十九歲的十三．四%，中年世代就達五十四．八%，占全體的一半以上。

韓國的中年世代經歷過ＩＭＦ危機，認爲「實力就是武器」，不少人因爲危機感而努力自主進修。「在職進修」一詞的出現，也是ＩＭＦ危機之後的事情。指的是一邊上班，同時也像學生一樣努力學習的人。

二〇一九年三月，根據求職網站「JOB KOREA」進行的「上班族自我進修問卷調查」結果顯示，韓國上班族十人中有四人自主進修，像是去英文補習班上課等。從年齡層來看，以二十多歲的四十四%最多，四十歲以上也有三十二．九%的人表示「花時間自我進修」。每個月花在進修上的平均費用爲十七萬一千韓圜，每週花四小時四十八分鐘。而進修的理由，高達五十一・二%的人回答「對工作感到不安，爲退職後做準備」。

在經濟冰河期的狀況下，韓國上班族的退職年齡被迫提前，而「在職進修」的熱潮，往後應該也會持續下去。

退職後熱衷於考取證照

中年男性的自主進修，也拓展至跟工作業務無關的領域。不知道何時會被裁員而感到不安，必須考量退職後的狀況，因而努力考取各種證照。

「爲了考取經營指導師（經營顧問）的證照，我從二〇一七年開始準備。考試一年只有一次，是證照考試中最難考的其中之一，所以也有點擔心。考試分兩階段，第一階段有中小企業相關法令、會計學、企業診斷學、經營學、調查方法論及英語六個考科。第二階段則分領域，各有三個考科。如果是大企業董事的身分，可以免除第一階段的考試，我只需要考第二階段，即使如此還是很辛苦。我的目標的是人事領域，所以正在努力研讀人事管理、組織行動論、勞動法及勞資關係論。

只要有了這個證照，就能夠去中小企業二度就業，或是透過政府的介紹協助中小企業的

經營諮商。爲了準備女兒們的結婚基金，接下來幾年還是必須要力工作，我沒有什麼專長，所以只能靠考取證書。」（田在熙理事）

「我打算考取韓文教師資格。總共有一～三級，但是我的主修不是韓文，所以必須從三級開始考。除了韓文之外，還有韓國文學及教育學等考科。通過考試還必須修習國立國語院開設的教育課程。等退休、孩子們都結婚之後，我考慮移居到生活費較便宜的東南亞生活。最近韓流受到全世界的歡迎，所以我想在當地教韓文應該不錯。但是當我知道這個資格是很多年輕人會考取的，害我有點失去自信。一想到我這個年紀要跟年輕人競爭，就覺得很恐怖。還是乾脆放棄，改考最近新的住宅管理資格考試可能還比較好。」（全允昌部長，任職於戲劇製作公司）

「我擁有公認仲介師、拍賣師及經營指導師的執照。現在正在準備勞務師的考試。要考取一個證照，最短需要一～二年，最長則需要三～四年的準備時間。我已經連續十年以上都在準備考證照的考試。假日的時間也都沒辦法陪孩子玩耍，只能一直窩在圖書館念書。當然會被太太討厭。常常念我『你夠了喔』。因爲這不僅花時間，也很花錢。即使我已經有這些證照了，還是感到不安。可以說是中毒很深吧。」（崔洙勇次長，四十八歲，任職於韓國音樂著作權協會）

根據雇用勞動部與韓國產業人力公會（「二〇一八國家技術證照的統計年報」）的統計，近五年內，五十歲以上取得技術證照的人數急遽增加。整體人數相較於五年前成長十三・八％，五十歲以上增加五十二％，但五十歲以下僅增加十・六％。爲了退職準備國家技術證照的中年世代人數也激增。中年世代最多人考取的資格證照，男性爲堆高機駕駛證照及挖土機駕駛證照，女性則爲韓國料理師及洋食料理師證照。勞動部相關人士表示，「中年世代偏好能馬上考取，馬上就能找工作的證照」。

但實際上卻沒有這麼簡單。即使拿到證照，大部分的人也都無法找到工作。中年世代因爲年齡或資歷的限制，在就業市場中被拒之門外。最近連年輕世代都無法找到好工作，中年世代沒有經歷，僅靠證照就想二度就業，可說是相當有勇無謀。

「因爲年紀的關係，即使考再多的證照，還是無法二度就業。這就是現實狀況。退職的年紀大概都五十多歲了，同樣三十多歲跟五十多歲擁有相同的證照，企業會錄用誰，答案顯而易見。也只能這樣自我安慰。最近自營業的相關證照相當受到關注。像是咖啡師證照，廚師證照，寵物美容師證照等都很受歡迎。」（崔洙英次長）

中年人的考試，不動產經紀人考試

爲了謀求工作，年輕人一窩蜂地報考公務員考試或教師任用考試，而中年人則是前仆後繼地報考「不動產經紀人考試」。前者被稱作「青年人的考試」，後者則是「中年人的考試」。不動產經紀人，意指經手不動產交易的仲介人士。相當於日本的宅地建物取引士。

過去在韓國，不動產經紀人都是退休後的長者所從事的職業。一九六〇年代之前，幾乎都是住宅或店面的買賣，不需要什麼專業知識。多爲熟悉附近地理，受到當地居民信賴的長者們，在當地開設一間小事務所從事相關生意。當時的不動產被稱作「福德坊」，由來是韓國民俗中挑選黃道吉日的「生氣福德」，意思是看風水介紹住宅或店面，就能夠帶來好的福氣與德行。

曾是長者專屬的不動產業，從一九七〇年代開始受到注目。由政府主導大規模的開發熱潮，不動產業也逐漸走向大型化、專業化。到了七〇年代，受到經濟高度成長的影響，土地價格發生前所未有的暴漲，形成不動產投機熱潮。過熱的不動產交易，在買賣的過程中不斷出現詐欺的事件。這段時間也出現專門從事不動產投機的「福夫人」，惡質福德坊也成爲社會問題。

韓國政府以矯正不動產交易秩序及保護國民財產爲目的，於一九八四年制定了「不動產仲介業法」，爲了強化不動產業的專業性及責任，並於此時導入「不動產經紀人證照考試」。

於一九八五年初次舉行的不動產經紀人證照考試中，爲了讓經營不動產業的長者們能順利接軌新制度，大部分的問題都相當簡單，像是「以下何者不是不動產」。第一年的合格率爲三十八%，爲史上最高紀錄，至今仍無法打破。往後逐年提升難度，但這不像其他證照，相較之下比較容易考取，不僅長者，中年人到大學生，各年齡層的人士皆可報考。

而不動產經紀人考試，從IMF危機之後，有了大幅的改變。IMF危機之前，每年的報考人數約爲五萬人左右，但進入二〇〇〇年之後，人數就呈倍數成長，來到十萬多人。中年上班族對未來感到不安的情緒高漲，「有什麼資格先考起來再說」，還有主婦因丈夫被裁員，爲了找工作而一窩蜂地報考，都是造成報考人數增長的原因。從這時候開始，不動產經紀人考試就被稱爲「中年人的考試」。

因爲報考人數激增，考試的難度也大幅提升。於二〇〇四年所舉行的第十五次考試，總計有二十四萬人報名。合格率不到二%。對此結果感到憤怒的考生們，隔年跑到負責考試的建設交通部（現爲國土交通部）前面進行大規模的示威抗議。一部分的人躲避警察的阻擋，潛入建設交通部進行包圍，打破辦公室的玻璃窗引起騷動，媒體當時也大肆報導。

現在每年有二十萬以上的人報考不動產經紀人考試，這幾年因爲就業困難，比起中年世代，二十～三十九歲的考生人數比例也變高許多。根據韓國不動產經紀人協會的統計，二〇一七年的考試，二十～三十九歲的考生占全體人數的四十一．五%。居高不下的不動產價格也讓他們滿懷期待。

但是不動產業界的展望並非如此樂觀。根據韓國不動產經紀人協會的統計，二〇一七年當時持有證照的人數爲四十萬六千零七十二人，每年以二萬人以上的人數持續增加。另一方面，市場已經呈現飽和狀態，每一間不動產每年平均交易件數僅九．三件。換言之，一個月的簽約件數不到一件。爲了保護現有的不動產業者，韓國不動產經紀人協會正考慮調整目前二十～三十%的合格率，將困難度提高。此舉很有可能重演二〇〇五年的惡夢。

起—承—轉—雞

大學主修化學的金賢哲（四十九歲），目前任職於國際性製藥公司的韓國現地法人，公司總部位於德國。他三十多歲時任職於韓國大型製藥公司，以年薪增加三十%的條件接受挖角。但即將滿五十歲的他，得知一個令人衝擊的消息。那就是德國總公司決定從自己所屬的事業領域撤出。「總公司的說法是，因爲規模相當大，正式出售撤出要花兩年的時間，但講眞的，我感到相當不安。擔心不知道要賣給誰，但最擔心的是，新公司不知道還有沒有我的位置。五十歲是繳貸款的高峰。四十多歲還不知道，但五十多歲絕對是被裁員對象的第一順位。我很猶豫是該從現在開始就找中小型製藥公司的工作，還是就做到領退職金之後，開一間炸雞店。不管做什麼收入都比現在還少，想到要供小孩到上大學，就徹夜難眠。」

崔圭赫（匿名，五十七歲），大學畢業後，進入三星集團的中央開發（現爲三星物產）上班。四十六歲晉升理事，三年後的四十九歲外調至外燴公司擔任社長兩年。之後又轉任中小企業社長，直到五十四歲才退休。他的經歷可謂超級菁英，但現在在家附近經營炸雞加盟店。

「大部分人覺得當到大公司董事，存款應該也很多，但供孩子們上大學，還要撫養父母，存款幾乎都花光了。原本想留在公司繼續打拚，但是搞壞身體，四年前退職之後休息了一年。拿到的退職金拿去用在孩子的結婚費用，想到老後生活，想說趁著還能賺的時候再賺一些，所以就開了炸雞店。」

二〇一六年，崔先生下定決心，花了二億韓圜，在距離自家約三十分鐘距離的盆唐區板橋洞，開了知名炸雞店的加盟店。板橋洞有著「板橋科技矽谷」的稱號，IT大型公司如

NAVER，KAKAO，NC軟體皆聚集在此。

「我還在上班的時候，發現年輕員工加班時最常吃的消夜就是炸雞。因此我選在加班較多的IT大型企業附近開店。但是，自從去年夏天開始導入一週五十二小時工時之後，營業額就大幅減少。附近並非住宅區，所以工時減少就直接影響了營業額。最近即使整天炸炸雞，一個月的收入可能還不到二百萬韓圜。」

炸雞是風靡全球的「K FOOD」，爲韓國的代表性食物，也被稱作韓國人的靈魂食物。更有「炸雞共和國」一詞，韓國的炸雞店具備各式各樣的料理法，二〇一九年二月當時，全韓國總計有八萬七千多間正在營業的炸雞店（「KB金融股票經營研究所」的「自營業分析報告書」）。麥當勞在全球的店鋪數量約三萬七千店，全韓國的炸雞店是它的二・四倍之多。

韓國之所有會有這麼多炸雞店，是因爲對退職後的中年男性來說，最容易從事的工作，就是經營炸雞加盟店。食材及調理方法皆由總公司提供，公司還會介紹裝潢業者。只要確保賣場空間，然後支付加盟金，誰都能開店。最少準備五千萬韓圜就能開店。

有句流行語「起—承—轉—雞」，意指韓國男性的人生。不管學歷是高中畢業還是名門大學畢業，不管是在中小企業還是三星電子上班，人生的終點站都會是炸雞店的意思。

根據「KB金融股票經營研究所」的「自營業分析報告書」的分析指出，在韓國二〇一四年至二〇一八年這四年內，每年平均有六千八百間炸雞店開幕，同時也有八千六百間炸雞店歇業。完全就是炸雞遊戲。

自營業者也岌岌可危

根據二〇一九年九月，企劃財政部向國會提出的「近五年內OECD成員的自營業者比率」資料顯示，二〇一八年韓國全體勞動人口中，自營業者占二十五・一%，比OECD平均的十五・三%高出約十%，約爲美國（六・三%）的四倍，日本（十・二%）的二倍。根據二〇一八年的統計，OECD成員國之中，自營業者比例高於韓國的只有四個國家，分別是希臘、土耳其、墨西哥及智利。

一般來說，人均GDP較低的國家，自營業者的比率也較高。但人均GDP超過三萬美元的韓國，爲何自營業者的比率也偏高呢？

專家認爲，是因爲韓國僵化的勞動市場所致。勞動市場有彈性，二度就業容易的國家，自營業者就偏少。反之，勞動市場較沒有彈性，一旦辭職就很難再就業的國家，自營業者的比率就會變高。而韓國則是接近後者的結構。

快速導入資本主義也是其中一個原因。因爲快速進入市場經濟，導致一部分的產業來不及企業化。而自營業者就選擇進入這些來不及企業化的外食產業及飯店業。而實際上韓國的自營業者，最多人經營的領域就是旅宿業及餐廳。

不完善的社會保險，也使自營業者數量增加。韓國加入就業保險的比率偏低（二〇一七年的統計，韓國爲七十一・九%，日本是九十八%），失業給付水準也很低。退職後，不少人爲了生計，而開啓了獨自經營事業。

對雇用市場有很大貢獻的韓國大企業數量不多，也是導致自營業者增加的原因之一。根據OECD於二〇一七年九月發表的「從圖表看企業活動二〇一七年版」顯示，韓國大企業（員工人數二百五十人以上）的數量爲七百零一間，遠比美國（五千五百四十三間）及日本（三千五百七十六間）還少。韓國大企業的雇用比率占整體的十二・八%，遠比美國的五十八・七%及日本的四十七・二%還低。在三十七個調查國家之中，只比希臘的十一・六%多出一點，位居倒數第二名。再加上韓國自二〇一〇年代起，正式進入低成長時代，企業整體的雇用率大減，導致自營業者持續增加。因爲新的自營業者加入導致過度競爭，使得原本的自營業者經營也變得更困難，陷入惡性循環。自營業者的平均所得只剩下受雇勞工的五十%左右。

「因爲基本工資上漲的關係，從二〇一八年開始我們就不再僱用打工人員，只靠太太跟我在顧店。太太負責炸雞，我負責外送。我對太太感到很抱歉。朋友們忙著旅行或打高爾夫，但太太卻整天站在油鍋前面炸雞。我也想過乾脆就把店收一收算了。但是眞的收掉的話，到能夠領年金還有七~八年的時間，不知道該靠什麼活下去，想到這邊就又打消了念頭。」

僵化的勞動市場，不完備的社會保險，大企業的數量少，脆弱的經濟結構等原因，迫使中年世代只能選擇自營業做爲事業第二春，而文在寅政權忽略現實，一味地推行理想主義的勞動政策，更把中年世代逼到牆角。

2 不斷忍耐的「候鳥爸爸」們

雁鳥爸爸、鷲鳥爸爸、企鵝爸爸

於政府所屬的技術研究院擔任組長的蘇政泰（五十歲），就是人稱的「候鳥爸爸」。四年前，他讓就讀中學二年級的兒子前往美國留學，二年前妻子爲了照顧兒子，也前往美國。「因爲妻子說『兒子好像無法適應美國的生活，所以我想過去陪他』。起先我是持反對意見，但兒子很辛苦，所以還是很勉強地同意了。有句話說『父母還是贏不過孩子』。於是我們把家賣了，讓妻子拿著這筆錢去美國陪兒子。」

「候鳥爸爸」，指的是爲了孩子的教育，將妻小送至國外，獨自一人留在韓國賺取教育費跟生活費的父親。父親獨自一人留在韓國工作，偶爾飛往海外見家人一面，好像雁鳥一般。

「候鳥爸爸」是流行提早出國留學所衍生的現象。一九九〇年代初期，以江南地區的富裕階層爲中心，出現了英語教育熱潮。他們將還年幼的孩子們送往美國留學學習英文，爲的是讓孩子們具備足夠跟得上美國大學課業的英語能力。但是讓年幼的孩子一個人留學還是很令人擔心，於是媽媽也一同前往，爸爸則必須留在韓國賺取留學費用。

到了一九九〇年代中期，提早出國留學的風氣開始蔓延至中產階級。「候鳥爸爸」一詞也被收錄進國語辭典裡，已經成爲全民皆知的詞彙。

近期因爲無法負擔韓國昂貴的教育費，出國留學的地點轉爲費用較便宜的菲律賓、中國等亞洲國家，連平凡的上班族也成爲「候鳥爸爸」的一員。甚至出現「在地候鳥爸爸」一詞，指的是將妻小送至首爾，獨自一人留在故鄉賺錢的爸爸，或是將妻小送至明星補習班聚集的江南區，獨自一人留在江北生活的爸爸。

「我是準公務員，所以月薪並不是非常高。再扣掉林林總總的稅金，每個月實拿約五百萬韓圜，全部都匯往美國。賣掉首爾房子的錢，在美國買了一間小房子。還好不需要支付房租，只需要生活費就可以了。聽我周圍的候鳥爸爸們說，要讓孩子留學美國的話，一般來說每個月要會一千萬韓圜以上的金額。我們家雖然不用付房租，但是每個月五百萬韓圜必須要支付學費及生活費，我想妻子應該很辛苦。我總是對妻小感到很抱歉。」

蘇先生靠打工賺取自己的生活費。蘇先生於首爾大取得博士學位，還擁有數個技術專利，這是身爲一流工程師他才做得到的事情。

「我接受邀請，在大學或企業授課。我還審查學生的論文，幫忙熟識教授的專案，靠這些在賺錢。一個月大概會有一百萬韓圜左右的收入，雖然不是很多，但生活上不成問題。」

蘇先生住在公司附近的套房。不滿三十平方米的小房間，一個月的租金是五十萬韓圜。三餐幾乎都靠便利商店的飯糰跟泡麵解決。為的就是少一點生活開銷，把錢都匯往美國。

「最開心的就是拿到獎金的時候。去年底，因為我的專利而拿到了不少獎金。匯了數千萬韓圜的獎金，很自然地就露出了笑容。」

成為了「候鳥爸爸」，但「候鳥爸爸」之中也有分等級。具有能夠隨時飛往海外的財力，稱作「鷲鳥爸爸」。反之，薪水大部分都匯至海外，沒有錢買機票飛往海外的爸爸，則稱作「企鵝爸爸」。因為企鵝具有強烈的父性，即使犧牲自我也會保護孩子，加上企鵝也不會飛，所以才用來做為比喻。

候鳥爸爸的憂鬱

「候鳥爸爸」是因為韓國過度的教育熱而出現的特有現象。雖然沒有確切的統計，但在韓國，據說有一萬人以上的「候鳥爸爸」，跟家人分開獨自生活的「候鳥爸爸」，其實存在諸多的危險。

首先，「候鳥爸爸」必須負擔出國在外孩子教育費及妻子生活費的重擔。爲了每個月數百萬至數千萬韓圜的花費，入不敷出，有些「候鳥爸爸」因而跟地下錢莊借錢。

再者，「候鳥爸爸」也可能導致家庭瓦解。除了經濟的重擔，「候鳥爸爸」也飽受孤單寂寞。

二〇一五年十月六日，「朝鮮日報」刊登了以下的文章。標題爲〈過去八年持續匯款給妻女的「候鳥爸爸」，離婚官司勝訴〉，報導內容如下。

住在釜山的五十歲男性 A，在二〇〇六年九月女兒十三歲的時候，爲了孩子的教育，將妻女送往美國。A 經營一間跆拳道道場，持續匯了教育費及生活費，但是經濟還是難以負擔。A 於二〇〇九年十二月，寫了封電子郵件給妻子表示「跟朋友借錢不是件簡單的事情。我很憂鬱也很孤單」。二〇一〇年三月表示希望妻女能夠回韓國，隔年一月在郵件中表示希望離婚，並催促他們回國。之後更寄了多封電子郵件表示「健康狀況不佳」「飽受經濟壓力」，希望妻女能回韓國。

二〇一二年三月，妻子寄了電子郵件給 A，表示「如果能給我八千萬韓圜，我就同意離婚」，A 後來匯了五千萬韓圜。但是妻子不僅沒有回國的意思，在那之後還加了各種條件，直到去年六月底爲止，八年都沒有回韓國。後來 A 對妻子提起離婚訴訟，法院認爲「兩人長期分居造成溝通不良，失去夫婦的羈絆。婚姻關係已破裂到無法修復的程度」，而判決A的離婚請求成立。

孤獨或經濟層面的壓力，嚴重的話甚至會導致自殺。二〇一三年四月，牙醫師B（五十歲）被發現在大邱市內某間公寓內燒炭自殺。B也是「後鳥爸爸」，從二〇〇三年起，連續十年負擔妻女位於美國的扶養費用。警方從B的遺書內容，認爲他是因爲煩惱女兒留學衍生的問題，而選擇自我了斷。

寂寞難耐的「候鳥爸爸」們，也有不少人流連於風俗店，或是沉迷於SNS上認識的未成年者援助交際。根據新聞報導，「候鳥爸爸」聚集的「候鳥酒吧」，這類的約會酒吧也開始出現在江南一帶。根據八卦報「週日新聞」，以「候鳥爸爸」爲客群的「候鳥酒吧」，是能夠指名喜好的女性，一對一喝酒聊天的風俗店，費用則是一小時十萬韓圜左右。

還有針對「候鳥爸爸」惡劣的健康狀態進行研究的報告。根據二〇一二年所發表的論文「候鳥爸爸的健康與生活預測模型」（水原大學看護學科車雲貞教授），共調查了一百五十一位三十五～五十九歲的「候鳥爸爸」，結果顯示，有七十七・八％的人苦於營養不良。更有二十九・八％的人「感到憂鬱」。

「耶誕節跟過年是最寂寞的時候。想打電話給在美國的家人，但是日夜顛倒，即使想聽聽他們的聲音，很多時候也沒辦法講電話。雖然很想飛去見他們，但一想到飛機票錢，就遲遲無法前往。也曾經有過一個人吃飯的時候突然流淚的情況。」（蘇政泰先生）

爲了孩子的教育一直忍耐的「候鳥爸爸」。他們的樣子令人心痛。

中產階級的陷阱「教育貧窮」

前面提到的金賢哲，他的兩個兒子正就讀首爾市內的私立小學。金先生與太太兩人工作的收入，一個月實際領到約一千萬韓圜。其中，小孩的教育費及養育費就占了總收入的六十%以上。

「私立小學每個月的學費大概是五十萬韓圜，除此之外還有特別活動費、課後輔導費、餐費、校車費、制服費等等，加總起來每個月大概要花上一百至一百五十萬韓圜左右。還要讓孩子們上英文及音樂補習班，不然會跟不上學校的課程。光教育費一個孩子每個月就必須花二百萬韓圜。再加上下午來家裡照顧孩子們的保母，一個月七十萬韓圜，孩子們的治裝費及餐費，零用錢等支出，林林總總加起來，一個月要花六百萬韓圜。」

金先生與太太結婚十三年，至今仍尚未購入屬於自己的房子。

「我們幾乎已經放棄買房了。現在的首要目標，就是讓孩子順利從私立小學畢業。不知道以後公司會怎樣，讓孩子們就讀昂貴的私立小學，感到相當不安，但是太太反對讓孩子們轉學至公立小學。我們夫妻的想法是，雖然沒辦法留財產給孩子們，但至少在教育上能夠儘量提供孩子們資源，讓他們不輸他人。」

李孫淑（五十歲）女士，白天擔任公文的老師，晚上在弘益大學前的居酒屋打工。從上午十一點至半夜二點，工時爲十五小時，每個月實拿的金額約爲二百五十萬韓圜。即使加上丈夫在中小企業擔任課長的薪水，家庭經濟還是相當吃緊。

「教育費眞的太貴了。大女兒二〇一七年上了大學，但是準備大考時每個月就花了二百萬韓圜。今年換妹妹要準備大考。我已經好多年都持續兼兩份差，但家庭經濟反而越來越吃緊。不要說存錢，還得跟銀行借錢。」

李女士有兩個分別爲大學生及高三生的女兒。像李女士這樣的家庭，收入的一半以上都用在孩子們的教育費。跟銀行貸款的錢還沒還清，今年冬天爲了讓大女兒去海外進修，必須要再想辦法籌錢。

「大女兒說寒假想要去紐西蘭進修英文。據說要找工作的話，海外進修是必要的。以我們家的經濟狀況來說，要價五百萬韓圜的海外進修根本是不可能的事情，但是『爲了找工作』

的話，還是只能硬著頭皮付這筆錢。」

跟收入相比，因教育費的龐大支出而導致負債的家庭，稱作「教育貧窮（education poor）」。根據現代經濟研究所的報告書「韓國家庭的教育費用支出結構分析」（二〇一二年）的定義，「家庭經濟赤字，即便負債仍支付高於平均水準的教育費，生活呈現貧困狀態的家庭」，稱作教育貧窮。二〇一一年韓國教育貧窮的家庭為八十二・四萬戶，估計人口數為三百零五萬人。因孩子教育費而苦惱的家庭中，十三％為教育貧窮家庭，實際上十個家庭之中，就有一個以上屬於教育貧窮家庭。

教育貧窮家庭，在教育費上花費特多，因此在其他部分的消費都異常地少。教育費的支出高於平均五十％以上，但食衣住的支出低於平均三・四％，醫療保健、交通通信費、交際費用等支出則低於平均七％。但是不管怎麼撙節，還是因為異常高額的教育費用，平均每個月的支出比所得高出六十八・五萬韓圜，只能靠借錢來維持。像這樣的教育貧窮，主要集中在四十多歲大學畢業的中產階級。

即使無法留大筆的財產給孩子，也希望能夠透過教育，讓孩子們能夠站在成功的起跑點上，這是韓國父母親共通的希望。「希望我家的孩子能夠在超級競爭的社會中生存下去」，父母親幾乎將所有的收入都花在孩子的教育上，即使負債也在所不惜。有不少例子是因為教育貧窮，導致老後陷入銀髮貧窮。

三明治族的詛咒

韓國社會認爲「孩子照顧父母親是理所當然」，扶養年長失去經濟能力的雙親，對中年世代而言又是另一個重擔。

「我們兄弟三人各匯六十萬韓圜給父母親當生活費。除此之外，還有另一個帳戶是醫療費，每個人每月各匯十萬韓圜進去。我因爲比較晚結婚，所以孩子還是中學及小學生。接下來孩子們要花更多教育費用，說實在的，雙親的扶養費也是相當負擔。現在最害怕的，就是如果雙親生大病的話，不知道手術及看護的費用該怎麼辦才好。」（黃盛閔先生）

「雙親雖然都年過八十，幸好都還很健康。雖然住在鄉下，從教職退休的父親經濟上還滿寬裕的，所以不需要我們匯扶養費給他。但因爲我是長男，所以往後還是要負擔照顧父母的責任。」（田在熙先生）

「我父親已經過世，母親在療養院。我哥哥是長男，照理說是他應該負責照顧母親，但大嫂堅決反對……。所以療養院的費用全由哥哥支付。我聽說療養院加上看護的費用，一個月大概是一百五十萬韓圜。我也是孩子之一，只讓哥哥負擔很不好意思。有空的話我也想照顧母親，但是現在因為孩子們的教育費用，必須要工作到深夜，沒辦法在家照顧母親。對待在療養院的媽媽感到相當抱歉。」（李孫淑女士）

孩子們因為求職困難或晚婚而無法獨立，另一方面，因為平均壽命變長，必須扶養雙親的時間也逐漸延長。二〇一八年「未來資產退休研究所」以韓國五十～六十九歲的家戶長為對象，調查其中有多少是同時照顧父母及小孩的「三明治族」。

根據二千位家戶長的回答結果顯示，五十二．三%的人每個月固定拿生活費給已經成年的孩子，或是提供結一筆費用給孩子，如結婚基金等。高達六十二．四%的人定期匯生活費給父母親，或是支付看護費用。膝下有著即使成年經濟仍無法獨立的孩子，同時還要照顧失去經濟能力的雙親，像這樣的三明治族占整體的三十四．五%。中年世代必須開始為退休後做準備，但有三分之一的人是背負雙重扶養重擔的「三明治族」。

買間屬於自己的房子需要九年份的年薪

「買房」對韓國人來說是最重要的課題。能夠買房的年紀大多是中年以後，因此也有「中年浪漫」的說法。但是，韓國總人口五千萬人之中，有一千萬人生活在首爾，因為土地價格高張，要在首爾買間屬於自己的房子不是件容易的事情。根據ＫＢ國民銀行不動產網站「Liiv ON」（https://onland.kbstar.com）的資料顯示，二〇一九年五月首爾市區公寓的平均價格為六億三千七百萬韓圜，華廈的平均價格為八億一千萬韓圜。

在韓國要買房的話，只能利用銀行的「住宅擔保融資」。但住宅融資擔只能跟銀行貸到房屋價格的三十~四十%的金額（這是首爾市的情況，韓國平均為六十%），因此沒有準備好一筆頭期款，是永遠不可能買房的。假設要在首爾購買一間價值八億韓圜的華廈公寓，最多只能跟銀行貸到三億二千萬韓圜，如果沒有四億八千萬韓圜的頭期款，一輩子都沒辦法在首爾買到一間像樣的華廈公寓。

一九七四年生的朴先準，在製藥公司擔任課長，自嘲是「受詛咒的世代」。

「我一九九九年大學畢業，剛好是韓國經濟最糟糕的時期。比我早幾年一九六〇年代出生的人，在ＩＭＦ危機以前的泡沫經濟時期，很容易就找到工作，但我們在ＩＭＦ危機之後，就被迫踏上找工作的嚴峻戰場。想當然，找工作就如同要抓住星星一樣困難。現在的狀況也是一樣。我們家部長一九六八年出生，已經有兩間華廈公寓，但我卻沒有半間。雖然前輩們都說『只要努力存錢就能購買房』，但不管我怎麼節省，要存到能夠買房的錢根本是不可能的事情。爲什麼房價會漲成這樣呢？要在首爾買房，至少要準備三～四億韓圜，但錢都拿去支付孩子們的教育費了，根本沒有存款。現在租的房子的簽約金二億韓圜，就是我全部的財產。」

上班族要在首爾買一間屬於自己的房子，需要多久時間呢？根據首爾市發行的「二〇一七年居住實際狀況調查」，首爾市民買房的價格，大約是年薪的八・八倍。上班族需要不吃不喝九年，才能在首爾市買到一間房。以區域別來看，房價最高的區域位在「江南圈」的江南區及瑞草區，分別是年薪的十八・三倍及二十・八倍。必須要不吃不喝十八～二十一年，才能在江南買間房。即使有自備款加上銀行貸款，往後還有數十年的房貸要償還。

「我到小學的時候住在江南。當時的江南並非高樓住宅林立的繁華區。四周都是田埂。父親應該沒有料想到江南的地價會上漲這麼多。在我小學六年級的時候，把江南的透天房賣掉，舉家搬至江北的大樓公寓。如果當時沒有搬家的話，現在應該就是擁有一間江南的大廈公寓了。一間江南的大樓公寓少說也要價約二十億韓圜。兄弟兩人分一半，一個人也有十億韓圜。想一想我還眞是不走運呢。」（朴先準先生）

在首爾的自有住宅持有率約爲四十二・一%，韓國整體的自有住宅持有率爲五十六・八%，也比日本的六十二・一%低。以年齡層來看，五十～五十九歲爲五十・六%，四十~四十九歲為三十四・七%，三十~三十九歲為十五・三%，二十~二十九歲則為七・五%。

即使到了中年，仍然無法於首爾買一間屬於自己的房子，這也讓年輕人感到絕望。韓國未婚男女十人之中就有四人認為，「想要一間自己的房子，但是現實是不可能的。」

有人賭上一輩子仍然無法擁有一間屬於自己的房子，但有錢人家卻是持有不少大廈公寓。他們接受銀行的低利率貸款，用來投資房地產。投資房地產的人，賣價如果低於買價，是絕對不會脫手的。這導致房子的價格是由這些人來決定。在有錢人聚集的江南地區，據說不少人坐擁數十間的大廈公寓。讓韓國人感到最深刻的「格差」，就是住宅問題。

大廈公寓與江南

以江南區及瑞草區為中心的江南一帶，是首爾房價最貴的區域。這區高級大廈公寓的價格，一坪超過一億韓圜。

以庶民政權自居的文在寅政權，認為「江南＝投機勢力的大本營」，在他上任之後，就針對江南的有錢人家，制定了各種不動產規範政策。但是，文政權的不動產規範政策，仍無法穩定江南地區的房價。江南高級公寓的持有者，選擇不脫手，靜待房價上漲的策略。這使得江南地區的房屋交易量大減，房價反而逆勢上漲。價格上漲甚至影響到江南以外的區域。

更諷刺的是，不少文政權的政府高官，都持有江南的高級公寓，不動產政策的失敗，反而讓他們因此受惠。

擔任韓國駐中大使的張夏成，是文在寅政權的經濟智囊，被稱作「所得主導成長」之父。他在擔任總統府政策室長時期，就曾經因爲「我住在江南所以有資格說，不需要全國民都住在江南」的發言而引人非議。再加上他位於江南約一百三十平方米的房子，在文政權執政一年半之內，價格就上漲至四億八千萬韓圜，這讓韓國國民感到相當不是滋味。

其他還有像是房地產的主管機關國土交通部的七名高官中，四名持有江南的高級公寓，二名則持有多戶不動產。

文政權以防止不動產投機的名目，公布限制措施，處罰持有多戶不動產的人，但另一方面卻很不識相地提名了在江南地區擁有三戶不動產的人擔任國土交通部長官候選人。總統府的前發言人，因爲向銀行貸款十六億韓圜，以二十五億韓圜購買了位於龍山區確定都更的大樓，被迫辭去發言人一職。他從銀行貸款的金額，遠超過文在寅政權所規定的房屋價格的四十％，懷疑在貸款過程中受到特殊待遇。即使政權更迭，不動產仍是最棒的投資標的。

孤獨死的危險

根據統計廳的數字，二〇一八年度全韓國人口的結婚件數為二十五萬七千六百件，一千人之中為五件，自從高峰期一九八〇年的十・六件後，就逐年下降。另一方面，離婚率為二・一件，位居全球之冠。隨著結婚率的降低與離婚率的增加，中高年「獨居」也持續增加。特別是獨居的中年男性，孤獨死的風險比高齡還來的高。

首爾市的社福團體，分析二〇一三年首爾發生的二千三百四十三件孤獨死事件（確定為孤獨死的案例為一百六十二件＋懷疑是孤獨死的案例二千一百八十一件）發現，以五十～五十九歲的孤獨死最多，占二十二・四%（五百二十四件）。比六十～六十九歲（三百六十八件）及七十～七十九歲（三百八十五件）還多。孤獨死的五人之中，就有一人以上是五十多歲的中年人。以性別來看，又以男性為壓倒性多數，占孤獨死確定案例的八十四・六%。

相較高齡者，中年人具有較高的孤獨死風險，這是因為韓國社會的結構所致。韓國社會普遍提早退休，加上社福制度尚未完備，獨居的中年男性提早退休的同時，陷入「孤獨死危險群」的一員。特別是具有強烈「一家支柱」（男性必須要扶養家庭）思維的韓國男性，退休失去經濟能力的同時，找不到自己的價值，有社交孤立的傾向。

李方興（匿名，四十七歲）為兼課講師，住在高三層樓公寓的半地下房。他的房間照不到陽光，總是散發一股霉味。他三年前因為經濟困難，跟妻子離婚之後，就輾轉於套房及辦公套房（也可當作辦公室使用的公寓）。他於兩間大學兼課，也在補習班教論述寫作，一個月收入約為三百萬韓圜。支付孩子的扶養費也是相當大的負擔。他不敢想自己能搬離半地下房。還有一個更嚴重的問題，因為二〇一九年開始實施講師法，他正面臨被大學開除的危機。

講師法的核心，是為了保障大學的兼課講師獲取穩定的薪資，以以及適用社會保險。此法的初衷，是為了讓勞動條件惡劣的兼課講師能夠維持最低水準的生活，一旦此法實施之後，大學將會增加不少經費成本，因此在法律實施之前，不少大學就大量解僱兼課講師。

「想到以後，眼前就一片黑暗。有的時候覺得身心都到了一個極限。沒辦法集中，總是感到疲累。跟人相處也覺得很麻煩，甚至連跟孩子見面都覺得討厭。有時候覺得乾脆全部放棄，會不會比較輕鬆。」

根據心理諮商診所「好形象心理治療中心」郭徐賢博士的診斷，李先生的症狀是「持續性憂鬱症」。這是憂鬱症的一種，憂鬱的心情至少持續兩年以上。容易出現像是食慾增加或減退，無力感，自尊心低下等症狀。

「中年男性常常會以工作升遷或加薪為生活目的，一旦因為離婚或提早退休等因素，受到家庭或及社會的孤立，他們往往比女性更難承受這樣的打擊。中年女性即使沒有丈夫陪伴，仍會積極參加興趣或宗教活動、或是與朋友及孩子交流，即使離婚也不會迷失自我。但是中年男性與女性不同，多半沒有自身的興趣，也沒有志同道合的朋友，一旦離婚與家人分離之後，就會完全被孤立。再者，女性要是感到痛苦，會去諮詢機構接受諮詢，但男性大部分會因為自尊心使然，忌諱去諮詢機構。即便是像持續性憂鬱症這種輕症，一旦放任不管，就會演變成憤怒調節障礙症（無法控制自身的憤怒），或是暴力、酒精中毒等狀況。這類的心理疾病，如果對內就可能會自殺，對外就可能會發生類似隨機殺人魔之類的暴力事件。」（郭徐賢博士）

無限競爭的韓國社會，對中年男性相當嚴苛。因為長年經濟不振而苦於求職難的年輕人們批評中年男性，認為他們獨占了高度經濟成長的果實。因為傳統的家父長制社會而遭受差別待遇的女性們，認為中年男性是利用「男性」身分壓迫他們，維持自身的既得利益。一同生活了數十年的妻子，視退休的丈夫為沉重的負擔。丈夫退休的同時，妻子提出「熟年離婚」的例子也持續增加。

但是韓國社會已經結束高度成長期，進入低成長時代，加速競爭主義至上，中年男性已經不是年輕人及女性們所認爲的既得利益者。中年男性必須要同時扮演兒子、丈夫及父親三種角色。不僅責任重大，該做的事情也很多。韓國的中年男性在所有世代之中，可能是被迫過著最艱難的生活的一群。

第四章　遲遲無法退休的老人們

1 找尋容身之處的高齡者們

被IT先進國拋棄的高齡者們

住在首爾的李熙元（七十二歲），跟妻子「卒婚」之後，幾年前回到故鄉蔚山廣域市。所謂的「卒婚」，是指夫妻維持婚姻關係，但各自生生活。原本住在首爾公寓的李先生，在蔚山買了間透天厝，很期待能夠享受有花園的生活。不需要看妻子的臉色，隨時都能跟朋友們輕鬆地小酌一杯。

李先生覺得回到蔚山是正確的選擇，但還是有一個很大的不滿。就是要回首爾的時候，交通相當不便。

「我一般都是搭客運去首爾。家離首爾站很近，可以的話想搭KTX（韓國的高鐵），但是幾乎買不到當天的KTX車票。」

李先生爲了事先買好KTX的車票，必須要直接到車站才行。但是他在蔚山的家，搭巴士前往車站要花一小時以上，還必須要轉承好幾次。所以他選擇搭乘車票比較好買的客運。但即便是客運，有時候假日也買不到票。

「年輕人們都會用手機預約客運的車票。我兒子也教過我好幾次如何用手機預約，但是說實在的，真的困難到我根本不想嘗試。」

韓國靠著高速網路及智慧型手機的普及率，成爲世界數一數二的ＩＴ先進國家，數位化及無人化生活也相當進步。對不習慣操作智慧型手機或電腦的長者們來說，這樣的差別讓他們感到相當不便。

特別是公共交通的預約系統數位化，對高齡者來說是最不習慣的。根據KORAIL（韓國鐵路公社）公布的「二〇一九年過年車票預約販售比例」來看，線上預售爲九十三％，實體預售只占七％。KORAIL並沒有事先決定線上及實體的販賣比例。但是人潮眾多的國定假日或連假，長者們不知道如何使用智慧型手機或電腦預約車票，或是不太會操作，就很難買到車票。李先生也曾經有過跑去車站預約端午節的車票，但是沒買到的經驗。

「兩三年前，想說中秋節要回首爾，就去車站買ＫＴＸ的車票。中秋車票啓售時間是中秋節前一個星期的早上九點，當天我早上六點就出門了。但是一到車站發現已經有很多老人在排隊。看到跟我一樣年長的長者們排隊的樣子，實在覺得很可憐。」

線上預約相當普遍的韓國，只要到了旺季，時常可以看到年輕人坐指定席，預約不到座位的長者只能買站票。住在首爾的簡正丘（七十八歲），也是不會操作這類的機器，生活上感到相當不便。簡先生跟我們分享了日前帶孫子去動物園的故事。

「在上班的女兒拜託我帶八歲的孫子去『孩子大公園』。但是光是要搭地鐵就很辛苦。必須要買孫子用的孩童車票，但是站內沒有值班人員。沒辦法只好用售票機買票，但這也很困難。我跟機器纏鬥了好久，麻煩路過的年輕人幫忙，才終於買好車票。」

韓國超過六十五歲，政府就會發給長者免費的「敬老通行證」，這天是簡先生第一次買地鐵的車票，但是完全找不到值班人員幫忙。

下車之後，簡先生仍持續面臨困難。

「孫子說想吃漢堡，所以我們去了附近的麥當勞。但是麥當勞也是沒有人工櫃臺，都是用機器點餐。而且這個機器比地鐵的售票機還複雜，要選的東西更多。對我來說是人生第一次的經驗，一陣手忙腳亂之中，就聽到後面的年輕女性咋舌的聲音……。好不容易點好餐了，但是取餐時發現完全是不同的餐點，孫子說『不是這個』，表情相當不滿。但是實在不想再重新點餐，所以就忍不住對孫子大聲說『有什麼就吃什麼』。因此惹孫子哭了。」

原本是帶著放暑假的孫子開心外出，但此刻卻變成惡夢。

「我是學電氣技術出身，年輕的時候也在中東工作過。當時什麼都不怕，在中東只要一到假日，就會外出遊玩。但是現在住在韓國，踏出家門就覺得恐怖。全部都是機器點餐，像我這樣的長者，連自己想吃的餐點都無法好好地完成點餐。覺得自己越來越笨，相當沒出息。」

隨著AI時代的來臨，韓國的「無人店鋪」也急速增加。韓國三大速食連鎖店的麥當勞、KFC及儂特利，二〇一九年約有六十%的店鋪引進自助點餐。咖啡廳也用運用「智慧點餐」服務，不需要去到櫃檯，只要在座位上就能過智慧型手機點餐。韓國的星巴克，於二〇一四年率先全球導入使用手機APP訂餐的「行動預點」服務而廣爲人知。

透過自助點餐機或是手機點餐，對企業說能夠減少人事費用，對年輕人來說可以減少等待時間，而廣被接受。但是對於像簡先生這樣不熟悉數位操作的年長者來說，生活可是越來越不方便。

高齡化社會的數位格差

高齡不輸日本，出生率卻是世界倒數第一的韓國，進入高齡化社會的速度也是世界第一。根據韓國統計廳「二〇一七年人口住宅總調查」顯示，韓國六十五歲以上的高齡人口，占全體的十四・二%，快速進入「高齡社會」。

多數的老人不擅長操作資訊機器，與年輕人間的資訊落差，也成爲社會問題。根據韓國科學技術情報通信部「二〇一七年數位資訊格差實況調查」顯示，韓國五十五歲以上年長者的電腦普及率爲五十六・四%（全國平均八十二・六%），智慧型手機普及率爲六十五・七%（全國平均八十九・五%）。但是，使用數位服務所需的手機APP的利用率，六十～六十九歲爲三十二・四%，七十歲以上僅剩十一・二%，遠低於全國平均的七十一・一%。數位資訊水準（以具備網路，上網能力及活用程度三方面綜合評比），韓國國民平均值爲一百%的話，年長者僅五十八・三%。特別是七十歲以上的只有四十二・四%。

跟年輕人相比，年長者最不擅長的數位服務，就是運用手機APP進行「手機網路銀行」交易。

「最困難的就是銀行。常常會用到銀行的服務。最近大概都需要等一個多小時。以前家附近有三四間銀行，但是現在只剩一間，不管什麼時候去都很多人。人實在太多了，有時候警衛會幫我匯款，我才知道用ATM的話手續費只要五百韓圜。如果是櫃臺辦理的話手續費要一千六百韓圜。銀行好像把我們這些老人當凱子，想到這就覺得難過。」（簡正丘先生）

聽到用手機網路銀行不用手續費，簡先生搖了搖頭。

「就算免費，對我來說還是無法。很多地方要輸入密碼，總之就是太複雜了。再加上我的眼睛不好看不清楚。畫面太小無法看清楚文字。」

根據韓國銀行發表的「二〇一八年行動金融服務的利用型態調查結果」顯示，近三個月內使用手機網路銀行服務的人爲五十六・六%。以年齡層來看，三十～三十九歲（八十七・二%）、二十～二十九歲（七十六・三%）、四十～四十九歲（七十六・二%）的利用率皆高於七十%。但是六十～六十九歲（十八・七%）及七十～七十九歲（六・三%）的利用率則大幅下降。年長者不使用行動金融服務的前三個理由分別爲「沒聽過（五十八・八%）」，「說明很複雜（二十%）」及「加入及利用的手續很不方便（十・六%）」。

邁向無現金社會，最近快速普及的行動支付服務「Pay」的使用率，也因爲年齡而有很大的落差。二十～二十九歲及三十～三十九歲的使用率皆超過五十%，但六十～六十九歲只有四・一%，七十～七十九歲更只有一・七%。六十～六十九歲中有三十九・五%，七十～七十九歲中有七十一%表示「完全沒聽過行動支付」，顯示年齡導致資訊落差的狀況相當嚴重。

在全球的 Fin-tech 浪潮中，韓國的銀行也持續擴大網路及手機銀行服務，關閉分行及減少人力。國民銀行等韓國的四大主要銀行，從二〇一五年起，每年目標減少一百間實體分行，並決定於二〇二〇年九月起收取紙本存摺的發行費用。

金融服務快速地從實體轉變到虛擬，使不擅長運用網路的長者們無路可退。現在銀行收取的手續費，還被冠上了「年長者手續費」的說法。

老人們的天國「塔洞公園」

位於首爾市中心鍾路的塔洞公園（舊名爲佛塔公園），是韓國於一八九〇年代第一座落成的都市公園，深受當時市民喜愛的休憩場所。後來美日等國爭奪大韓帝國的統治權，變成大國們拿來招待王室的宴會場所。日本殖民時代的一九一九年，也成爲對抗日本殖民地統治的抗日運動（三一運動）的中心。對韓國近代史來說是相當重要的地點，公園整體爲史蹟，各處的設施也被指定爲國寶或寶物。

但是現在的塔洞公園，一般認爲是老人公園，聚集了無處可去的年長者們。來到這邊的老人們，有些人會下棋，或是幾個人聚在一起聊政治社會等話題，但大多數是坐在椅子上孤單地度過。

老人們會聚集於此的理由，是因爲這邊交通便利。韓國政府於一九八四年實施地鐵的免費乘車制度，六十五歲以上的年長者能夠免費搭乘地鐵。塔洞公園距離一、三、五號線的車站很近，不管住在首爾的那裡，都很方便前往。幾乎每天從五號線的「君子站」搭地鐵前來塔洞公園的李昌碩先生（八十一歲）表示，「可以免費搭乘（地鐵），即使沒有錢，也能來到這邊，到附近的市場散散步。有不少年長者像我一樣，來這邊兼運動，見朋友，或是逛逛市場。」

根據首爾市二〇一八年的統計，六十五歲以上年長者的免費乘車次數一天爲八十三萬次。其中最多人上下車的車站，就是距離塔洞公園最近的鍾路三街站。

塔洞公園的周圍，有不少老人喜歡的設施。不僅聚集了各式各樣的市場，如專賣樂器的商店街、專賣電子的商店街、自由市場等，還有廉價的食堂、老人用品專賣店、健康用品店、免費食物提供處、熟齡舞廳（ColaTec，提供可樂等無酒精飲料的舞廳）、理髮廳等各種商店聚集。

其中最吸引目光的是理髮廳。有十多間營業中，剪髮四千韓圜，染髮五千韓圜，價格低於一般理髮廳的十分之一。沿途還有販賣老人必需的物品，整組只要一千或二千韓圜。免洗刮鬍刀十把只要一千韓圜，乾電池十顆二千韓圜。其他還有像一杯二百韓圜的投幣式咖啡機，二千韓圜就能飽餐一頓的食堂。食堂還有賣一壺或一杯酒。瑪格利酒一杯五百韓圜，燒酒一杯一千韓圜……。

有些年長者連二千韓圜都沒有，爲了這些人，也開設了數個免費食物提供處。這附近營運最久的「社會福祉元閣」，二十七年間，一週三天，提供年長者免費的食物。已經在這邊從事志工活動的五十多歲主婦，分享了來到此處的老人們的故事。

「這裡一天會分三次提供午餐。爲了不讓長者們在外面等太久，會事先發號碼牌，但吃飯時間的一～二個小時前，隊伍就排得很長。不知道是不是因爲最近不景氣的關係，排隊的年長者人數倍增。一天有超過二百人前來用餐。不是只有獨居老人或是低收入戶會來這邊用餐。也有不少即使跟家人一起生活，但是在家中待不下去的人前來。有一位跟兒子還有兒媳婦住在一起的爺爺，是這裡的常客。他從京畿道的坡州搭兩個小時的電車來到這邊。他爲了不麻煩兒子夫婦，起床後連早餐都沒吃就搭車來到這邊。在這邊吃完午餐，下午逛逛公園，在附近吃完晚餐之後才回家。來到這邊的人，大部分都是無處可去的年長者。」

YouTube與太極旗

一週最少三天前來塔洞公園的李先生，來這邊最大的理由是「見朋友」。跟朋友聚在一起聊天，時間很快就過了。

「在家裡常常一天講不到一句話。來這邊的話，有很多人可以聊天，所以很開心。下下棋、聊聊各自的家庭、聊聊政治的話題，如果氣味相投的話還可以一起喝上一杯……」

李先生搭地鐵來塔洞公園大概需要四十分。搭車的時候，他會用手機看YouTube。

「最近都沒在看報紙了。取而代之的是會看YouTube。如果不看YouTube的話，即使來到這邊也沒辦法跟朋友聊天。」

YouTube是韓國銀髮族最愛的SNS。根據智慧型手機APP分析公司「Wise Map」的調查，韓國人花最多時間利用的APP爲YouTube。其中，五十歲以上一個月的收看時數爲二十個小時又六分鐘。

銀髮族不僅是YouTube的重度使用者，甚至還成爲自己製作影片的YouTuber。七十二歲的朴末禮，爲世界知名的YouTuber，連YouTube執行長Susan Wojcicki都親自飛到韓國和她一起拍片。她跟孫女一起經營YouTube頻道，以充滿幽默的方式分享她的日常生活。擁有九十多萬的粉絲，不僅受到同世代的喜愛，也受到年輕世代的歡迎。

池炳秀（七十七歲），靠著模仿女性偶像歌手的性感舞蹈，一躍成爲明星。不僅成爲祭典或活動的寵兒，還擔任廣告的模特兒。他自己雖然是低收入戶，但是他把全部的收入都捐給老人院。像他們一樣不輸年輕人，活躍於 YouTube 等網路媒體的老人，被稱作「Active Silver」或是「Silver Surfer」。

然而，銀髮族最常看的 YouTube 影片，就是新聞。特別是保守的新聞內容，受到年長者的喜愛，現在可謂保守派新聞的全盛期。李先生也是在 YouTube 上收看新聞的其中一人。

「我既不看電視，也不看報紙。自從文在寅總統之後，常常出現假新聞。我也參與了拒繳 KBS（韓國公營放送）收視費的活動。製作欺騙國民的節目，這哪裡是公營電視臺。拿國民的錢（收視費），付了數十億的演出費給左派藝人們。我只看『鄭奎載 TV』跟『神之一手』！」

「鄭奎載 TV」跟「神之一手」，是 YouTube 上知名的保守派新聞頻道。

文在寅政權上臺後的韓國，擁有保守政治立場的年長者們，非常排斥親政府的無線電視臺及新聞。年長者們已經無法信賴既有的媒體，爲了尋求能夠爲自己發聲的管道，因而漸漸轉移至 YouTube。

年長者的反亂，不僅止於網路。每週六下午，在首爾市政府與光化門前面要求釋放朴槿惠前總統的集會，自從彈劾之後，已經持續了兩年半。參加者各自持太極旗（韓國的國旗）

參加，因此有「太極旗部隊」之稱。少的時候數百人，多的時候則會聚集數千人，高喊「文在寅下臺，釋放朴槿惠」邊遊行，這一帶只要到了週六就會造成嚴重的交通阻塞。但是主要媒體電視臺，幾乎都沒有報導他們的抗議活動。

「民主勞總（全國民主勞動組合總聯盟）的集會或是反美團體的集會，即使是數十人，也會被大肆報導。但是我們的集會卻完全沒被報導。這就是『左傾』啊。但是『神之一手』每週都會直播。有YouTube眞的是太好了。」（李昌碩）

在一旁聽著的老爺爺們，也各自補充說明。「大家都忘記這個國家是靠誰才能夠發展到今天這個樣子。韓戰的時候，爲了守護這個國家，我可是抱著必死的決心跟北韓戰鬥。」「我們這個世代再活也就十～二十年了。令人擔心的是孫子們的世代。必須要保護國家遠離紅色共產。」「看文在寅喊金正恩委員長大人那種奉承的口吻，實在是相當噁心。國家滅亡之前，國民要先振作起來才行。」「自己國家的經濟亂七八糟，卻對北韓問題一頭熱，這哪裡是韓國的總統？是北韓的總統吧。」

韓國媒體跟大多數的國民，將以七十～八十歲老人爲主的太極旗部隊視爲「極右派」，也相當不認同他們每週的集會運動。但也有人認爲他們的行動並非全是負面的。關注女性問題及老人問題的崔賢淑作家，在她的著作「爺爺的誕生」之中提到，「太極旗抗議活動，蘊含了老人們申訴的意義。」她認為，雖然名義上是要守護前總統朴槿惠，但沒有被賦予發言權的年長者們，利用太極旗抗議活動，藉此證明自己的存在。在韓國社會被當作透明人的老年人們，太極旗抗議活動或許是他們能夠恣意洩憤的「解放區」吧。

2 從「敬老社會」到「嫌老社會」

不願放下工作的高齡者們

「京東 Miju Apart」社區位於首爾市祭基洞，共三棟，總計二百二十八戶。最近決定都更之後，地價就急速上漲。七十三歲的金在奎在這個社區擔任警衛，每天都要在警衛室待上十二小時。

「二十四小時輪班制。做一休一。早上五點半至隔天早上五點半，現在因爲導入每週工時五十二小時，晚上十一點就必須到位於地下的宿舍休息。中午也有午休時間，但無處可去，所以都待在這裡（警衛室）。位於地下的宿舍不太乾淨，完全不想去。蟑螂也很多……。」

金先生過去是一流的裁縫師，跟縫紉師的妻子共同經營童裝工廠。但是受到ＩＭＦ危機的影響，有生意往來的公司連續破產，金先生的工廠也因爲支票無法兌現而倒閉。當時五十多歲的金先生，一直找不到工作，透過派遣公司的介紹，他才開始從事警衛的工作。

「第一份工作是在韓民族新聞，因爲人力緊縮的關係，做了六個月就被辭退了。後來主要都是社區的警衛。在大型社區做了十八年。但是超過法定退休年紀七十歲之後，漸漸地就沒有大型社區的缺了。我從二〇一七年開始在這邊（京東）工作。」

金先生在這邊工作的月薪為一百八十萬韓圜。再加上過去經營工廠時的國民年金，一個月的收入為二百萬韓圜。

「因為妻子沒有工作，我賺的二百萬韓圜是兩個人的生活費。我想給孫子零用錢，也不想給孩子們添麻煩，往後還是想持續工作。可以的話到離世之前都想一直工作。」

但是金先生現在工作的社區，預計從二〇二〇下半年開始都更，所以他能在這邊工作的時間只剩下一年左右。

「雖然宣布要都更，但真正開始施工大概是二～三年之後。開始施工的話就必須要再找新的工作。當然我也是需要錢，但我也不喜歡在家裡無所事事。大家常說，工作還可以預防老年痴呆。」

朴民昌先生（七十一歲）也是在ＩＭＦ危機時期失業的其中一人。在五十歲的時候被大型企業裁員的朴先生，後來開了二十年的計程車，現在已經是資深的計程車司機。七年前他辭掉計程車公司的工作，改開個人計程車，買了經營權自己當老闆。

但是朴先生最近因為身分不明的競爭對手「Tada」（類似 Uber，可以用手機 ＡＰＰ 叫車的共乘服務），心情不是很好。

「最近即使開十二個小時的車，一個月要賺二百萬韓圜都很辛苦了，政府還允許租賃車也可以從事計程車業務，這是要我們怎麼辦？用租賃車從事計程車業務很明顯地就是違法，我實在不懂政府爲何允許這樣的事情發生。」

「Tada」是韓國入口網站「Daum」的創辦人李在雄所發想的共乘服務。跟租賃車業者合作，提供客戶代駕的服務。二〇一八年十月，文在寅政權承認韓國版 Uber「Tada」的事業權之後，計程車公會就以「威脅生存權」強烈反對。根據韓國相關法令規定，十一人座以上的租賃車才能提供駕駛服務。計程車司機們主張「Tada 從事違法業務」。自從「Tada」開始提供服務，半年多來激進的抗議不斷，更有四位計程車司機用自焚的方式表達自身的抗議。

「個人計程車是最多年長者從事的工作。這次自焚的人們，都跟我一樣是七十多歲的司機。年輕人不喜歡年紀大的司機，所以最近生意因此不太好。我內心想著應該也差不多了，但是不開車的話往後要靠什麼維生呢？我花了八千萬韓圜買了個人計程車的經營權，即使現在賣掉也只值五千～六千萬韓圜。但往後還有十幾二十年要過。覺得已經無路可退了。」

根據韓國交通安全公團的資料顯示，像朴先生這樣六十五歲以上的個人計程車司機，全韓國約有五萬九千人，占全體的三十七％。八十歲以上的司機也有六百三十一人。最近因爲韓國高齡駕駛引發的交通事故頻傳，原本只有規定六十五歲以上的公車司機要進行職業駕照審驗，政府最近在檢討是否要擴大適用至個人計程車司機，但因爲業界的反對，所以遲遲未實施。

二〇一九年七月，國土交通部提出折衷案，要求營運「Tada」的移動公司必須購買計程車經營權及捐款，才暫時平息了抗爭行動。但是Tada公司認爲負擔過大而抗議，事情依舊看不見解決的跡象。

平均退休年紀七十三歲──全世界工作最久的韓國老人

韓國的高齡者是全世界工作最久的老人。根據OECD最新的資料顯示，二〇一七年韓國人從勞動市場「完全退休」的年紀，男性爲七十二・九歲，女性爲七十三・一歲。爲OECD三十六個成員國之中最晚退休的年紀。OECD的退休平均年紀，男性爲六十五・三歲，女性爲六十三・六歲，由此可知其中的差異有多大。

韓國人自公司退職的平均年紀爲五十歲前半，一般來說，韓國人退職之後的二十年，必須在惡劣的環境下，做著不知何時會被開除的兼職工作。

「地鐵宅配」的工作受到韓國高齡者歡迎。由持有「敬老通行證」的年長者搭乘地鐵宅配行李。主要的行李像是購物商場或百貨公司的服飾、公司的文件等等。在韓國只要搭地鐵，常常可以看見年長者雙肩雙手背好提滿數十個大型購物袋。他們每個月能夠收取五十多萬韓圜的宅配費用，加上付給仲介業者介紹費，大概剩下三十～四十萬韓圜。

但是要能夠完成地鐵宅配的工作，必須要具備足夠的體力，能夠整天在地鐵裡轉來轉去。還必須要具備能速讀購物商場或百貨賣場英文品牌名稱的靈敏度。對體力沒有自信，或是沒辦法看懂英文字母的年長者，是沒辦法做這份工作的。

位於首爾市西南方的麻谷地區，因爲鄰近金浦國際機場，有高度限制的關係，是首爾市最晚開發的地區。幾年前這邊還是田地，國際機場二〇〇一年移往仁川之後，就開始推行大規模的開發計畫。二〇一八年開始建設最高級的大學醫院及大企業的尖端研究設施，還蓋了植物園、公園及購物中心。現在已經成爲高級公寓林立的新天地。

「永東古物屋」位於麻谷地區的一隅。「古物屋」是指收集回收垃圾，然後再賣給回收業者的生意。永東古物屋約三百三十平方米的庭院裡，銅鋁鐵等回收物，以及回收的紙箱及寶特瓶散落一地。

傍晚六點左右，一對老夫妻推著推車來到永東古物屋，車上堆滿成山的紙箱。老爺爺在前面拉，老奶奶在後面推。老爺爺身高約一百七十公分，身材偏瘦。推車上成山的紙箱，看起來少說也有二公尺高。推車的兩側，掛了塞滿寶特瓶的塑膠袋。老夫婦的推車一進到裡面，可能是觸動了入口的感應裝置，發出巨大的鈴聲。接著馬上就有年輕員工從裡面走出來，幫忙卸下紙箱。在整齊成堆的紙箱下面，還出現了鋁板及報紙。超過一百個被壓得扁扁的寶特瓶，自塑膠袋傾瀉一地。

年輕員工將卸下的回收物依序用磅秤測量。「紙箱九十三公斤，白紙六公斤，報紙十五公斤……」

一位看起來二十多歲的社長從管理室走出來，付給老夫妻回收費用。一整天拉著推車收集回收垃圾的老夫婦，拿到的金額是二萬零二百韓圜。老奶奶笑著說「今天運氣很好撿到鋁板，拿到的錢是平常的二倍以上。」

老爺爺八十五歲，老奶奶八十二歲。這對老夫妻住在距離古物屋走路約三十分鐘左右的地方。每天兩趟，拿著撿到的回收物來這邊賺取生活費。據說每天約二十位的年長者定期出入永東古物屋。

「我們的營業時間爲早上六點半至傍晚六點半。早上才剛上班，就已經有好幾位長者推著堆積成山的回收垃圾排隊等著。一大早賣掉前一晚收集的回收物之後，再推著空車繼續在街上撿回收。這邊的年長者一天大概會來兩趟，把撿到的回收物賣掉。但是靠回收賺到的錢，一個月大概只有二十萬韓圜。」（永東古物屋社長）

雖然如此，但是回收物的價格眞的是出乎意料的便宜。紙箱一公斤六十韓圜，報紙一公斤八十韓圜，列印用白紙最值錢，一公斤一百六十韓圜，寶特瓶一公斤八十韓圜。回收垃圾最大進口國的中國，自二〇一八年起禁止進口之後，回收價格就崩盤了。

「直到今年初，我們賣給回收業者的紙箱單價，一公斤還有一百韓圜，但是現在只剩八十五韓圜。所以我們能夠付給年長者的價額也是越來越少。年長者們一次能夠撿的量大概就五十～六十公斤左右，即使一天跑兩趟，也賺不到一萬韓圜。加上推車大概重五十～七十公斤。社福團體雖然送給長者們輕量的推車，但長者們還是習慣用舊款笨重的推車，覺得重『才能載比較多』。看到腰彎到不行的老奶奶拉著笨重的推車前來，實在是於心不忍。」

OECD中最高的老人貧困率四十六%

七十八歲的林永心奶奶，跟五十歲的兒子、高中三年級及二年級的孫女同住。丈夫因爲接受大腸癌的手術，在故鄉療養中。故鄉位於忠清南道的林奶奶跟丈夫，十三年前來到首爾，幫離婚的兒子照顧孫女們。丈夫來首爾不久後，開始在附近的市場擺攤賣蔬菜。但是路邊攤是違法的，常常被警察取締，後來就放棄了。大概十年前開始拾荒。等孫女們也長大到一個程度之後，林奶奶也開始幫忙丈夫的工作。二年前丈夫罹患大腸癌之後，變成她自己一個人拾荒。

「早上八點左右出門，一直在附近撿回收，直到深夜十二點。每週工作六天，回收場休息的星期天我也休息。星期天會在家睡飽，然後做做洗衣打掃等家事。孫女們很乖都會幫忙，所以做起來並不辛苦。」

林奶奶的兒子是業務，幾乎都在外地出差。一個月會回首爾二～三次，每次都會給個數十萬韓圜。

「兒子給的錢，付孩子們的學費，付房租等，只夠用來付生活所需費用。我的收入，加上國家給的老人年金及撿回收的錢，大概五十萬韓圜左右。丈夫的費用就從這邊扣，剩下的就是我的零用錢，用來買香菸之類的。」

林奶奶主要的活動範圍為回收場附近，集合住宅周邊的商店街。這邊從前幾天開始有人搬遷，除了紙箱，還會出現不少像鐵板這類高價的回收垃圾。

「要拿放在店家前面的垃圾，不能直接拿走。一定要先得到店家的許可才行。」

拾荒的年長者，也有各自常去的店家。店家的人也會爲了常來的年長者保留紙箱，會小心不讓其他人擅自拿走。拉著空空的推車走在路肩，走進位於集合住宅入口處的便利商店，拿到大量的紙箱。林奶奶兩手拿著紙箱，頻頻跟打工的店員低頭道謝。但是打工的店員完全不看林奶奶，只顧著看手機。

「店裡有客人的時候是不能進去的，剛好現在沒有客人。今天一開始就很順利呢。」

像這樣，在商店街徘徊至深夜，才拉著堆滿回收垃圾的推車回家。因爲走在路上的拾荒老人常常遇到交通事故，因此韓國的警察對拾荒老人進行交通教育，發反光背心跟能夠貼在推車上的反光貼紙給他們。回到家之後，林奶奶的工作還沒結束。她在家前面將垃圾分門別類，將它們整理好後放到推車上，用布蓋上之後再用繩子綁起來。最後在上方放上「不要拿走，有CCTV（監視器）在監視」的警告文字紙板。

林奶奶說「因爲我不識字，所以請孫女幫我寫。如果不這樣做，半夜就會有人把我的東西偷走。」

整理告一個段落之後，接下來是用掃把打掃周圍。

「在家門前擺放垃圾，如果地面很髒的話就會被抱怨。再加上如果煙灰不小心著火的話很恐怖，所以我總是會把周圍打掃得很乾淨。我一直都對鄰居們感到很抱歉。」

拾荒的年長者，一直都是韓國很嚴重的社會問題。根據韓國老人人力開發院二〇一九年的報告書，推估韓國的拾荒老人約有六萬六千人。首爾市於二〇一七年，針對居住在首爾，六十五歲以上的拾荒老人共二千四百一十七名，調查了他們的生活型態。根據調查結果顯示，拾荒老人平均年齡為七十四．五歲，女性（六十七%）又比男性（三十三%）高出二倍之多。

韓國於一九八八年開始正式導入國民年金制度，但只有四十二%的老人領到國民年金。七十八%領年金的人，每個月領不到五十萬韓圜。再者，有二分之一的老人是屬於低收入戶的貧困階層，即使加上韓國政府發放的「基礎年金」（最多三十萬韓圜），每個月的生活費還是不到一百萬韓圜。

「朝鮮日報」推估韓國高齡夫妻適當的生活費為二百四十三萬韓圜（國民年金研究院的調查），並根據日本金融廳發表的「高齡社會的資產形成與管理」報告書的計算方式，試算韓國高齡夫妻老後所需的資金。結果顯示，韓國高齡夫妻老後所需的生活資金缺口為三億三千萬韓圜（約三千萬日圓、七百五十九萬新臺幣）。這遠比日本金融廳報告書中，提到日本人高齡夫妻老後所需的資金缺口二千萬日圓還來的多，但這也跟領取的年金多寡有關。日本的高齡夫妻，國民年金加上厚生年金，合計約可領取十九萬一千八百八十日圓，但韓國的高齡夫妻，只能領到約八十五萬韓圜（約七萬七千日圓、一萬九千五百五十新臺幣）。年金制度不健全的韓國，二〇一五年老人的貧困率為四十五．七％，比ＯＥＣＤ平均的十二．六％高出三．六倍之多。

韓國高齡者的自殺率，也是ＯＥＣＤ三十六個成員國之中最突出的。根據統計，韓國六十五歲以上高齡者的自殺率，每十萬人之中就有五十四．八人。

韓國年長者們不惜粉身碎骨，為經濟成長、社會民主化及孩子們努力工作，但現在可能是過著全世界最不幸的生活。相較於少子化對策或年輕人的失業政策，老人們的福祉政策實在是太不足了。被視為社會重擔的老人們，為了生活只能繼續拾荒，從事地鐵宅配，繼續在街頭奮鬥。

世代衝突導致「嫌老社會」

韓國高齡者感到痛苦的，不僅是經濟問題。韓國整體社會看待老人們的負面眼光，更是把他們逼到了牆角。

在社會福祉結構尚未完備的情況下，社會持續高齡化，加上由於經濟成長停滯使得年輕人的負擔明顯增加，這都可以表現在對老人的「嫌惡」之上。

二〇一九年，首爾都市鐵道公社表示，（銀髮族）免費搭乘制度每年損失約七千億韓圜，希望政府能彌補這塊損失。在「首爾交通公社檢討將免費乘車的年齡門檻從六十五歲提高至七十歲」的報導下面，不少流由毀謗免費搭車的高齡者們。清一色批評他們是「老人蟲」「年金蟲」，「沒有生產力的老人，增加年輕人的負擔」。

從統計資料也可以證明，許多年輕人對高齡者抱持負面看法。根據國家人權委員會「老人人權綜合報告書」統計，韓國青年世代（十九～三十九歲）有八十・九％的人認爲，「韓國社會對年長者有偏見，因此，年長者的人權受到侵害」。對年長者之所以持否定看法的主因爲「擴大年長者的福祉，可能會增加年輕族群的負擔」（七十七・一％），「增加僱用年長人，可能會減少僱用年輕人」（五十六・六％）。

政治界有影響力的人，爲了維護自己的政治立場，對年長人的批評也毫不猶豫。每當選舉時的粗暴發言，像是「五十歲以後死掉的腦細胞比新長出來的腦細胞還多，所以人會漸漸變笨。六十歲以後就不應該居高位」「六十歲以上就該退居幕後了，所以還是不要投票比較好吧。在家好好休息」「如果廢掉市政府站的手扶梯跟電梯，年長者就不會來這邊了吧」，都傷害了年長者的心。

虐待老人，或是對老人施暴的例子也增加不少。根據保健福祉部「二〇一八年老人虐待現狀報告書」顯示，全韓國老人保住專業機構接獲的老人虐待通報件數爲一萬五千五百件，其中五千二百件被認定爲虐待。保健福祉部的承辦人員擔憂地表示「這與二〇一四年相比，增加了一千五百件以上，跟前一年相比，也上升了十二·二%」。

對於韓國社會「嫌棄老人」的現象，專家們分析原因之一，是因爲政府對於不久的將來，韓國即將成爲「老人大國」的形象，抱持負面的看法所致。「國民年金到了二〇五七年會破產」「二〇六〇年起，一個年輕人必須要扶養數個老人」等黯淡的前景，讓韓國從過去被稱作東方禮儀之邦，尊敬老人的「敬老社會」，變成「嫌老社會」了。

二〇〇〇年進入高齡化社會（六十五歲以上人口占總人口的七~十四%）的韓國，預於二〇一七年進入高齡社會（六十五歲以上人口占總人口的十四~二十一%）。根據韓國統計廳的預測，二〇二五年將會進入六十五歲以上人口占總人口二十一%以上的超高齡社會。更驚人的是，到了二〇六〇年，有四十·一%的人口是六十五歲以上，超越日本成爲世界第一的老人大國。

另一方面，勞動人口於二〇一七年達到總人口七十三·二%的高峰之後，就急遽減少，預估到了二〇五六年會降至五十%以下，只剩四十九．九%。到了二〇六七年，將會出現老年人口（四十六．五%）高於勞動人口（四十五．七%）的「反轉現象」（根據統計廳「未來人口特別推估二〇一七~二〇六七」）。

即將踏入老人大國的韓國社會。越來越多人認爲，貧困老人及嫌惡老人等已經不是個人的問題，而是整個社會結構的問題，政府應該更積極地看待並處理才是。

第五章　加深對立的韓國社會

文在寅政權的誕生與韓國社會的大幅轉變

二〇一七年三月十日，韓國憲法法庭以八比〇的壓倒性多數通過對朴槿惠總統的彈劾案。正式終結了二〇一六年十月以來，因爲「崔順實事件」瀕臨死亡狀態的朴槿惠政權。這是第一次，因爲彈劾而沒有做滿五年，被迫中途下臺的韓國總統。

將朴槿惠總統趕下臺的動力，就是韓國國民的「燭光示威」。自從崔順實事件被報導之後，十月二十九日以二萬人規模開始的燭光示威，進入第六週，聚集了二百三十二萬人。到了二〇一七年三月十一日第二十次集會爲止，累積參加人數超過一千六百萬人。

朴總統彈劾案成立，總統選舉從二〇一七年十二月提前至同年五月九日，二〇一二年總統選舉輸給朴槿惠的文在寅，當選韓國第十九任總統。韓國社會也就此迎接了巨大的轉捩點。

文在寅總統跟朴槿惠前總統是「天平的兩端」。以出身來說，朴前總統是總統的女兒，含著「金湯匙」出生，而文在寅總統則是貧困家庭出身，因爲韓戰從北邊逃到南邊的「失鄉民（失去故鄉的平民）」。

文在寅是在韓戰停戰前半年的一九五三年一月，出生於韓國慶尚南道巨濟。父親文畯鏞出身北韓咸鏡南道興南市，韓戰當時，身無分爲來到南邊，在慶尚南道巨濟的俘虜收容所生活。文在寅出生後，全家移居釜山，母親在市場擺攤賺錢。

文在寅學業成績優秀，以榜首之姿考進慶熙大學法學系，因爲家庭貧困，拿獎學金就讀大學。學生時代曾代替學生會長主導集會，領導學生運動。被當局以違反國家保安法的嫌疑逮捕，度過了四個多月的監獄生活。

出獄之後被大學除籍，被強制去當兵。退伍後費了一番功夫才成功復學。復學之後仍熱衷學生運動，又再度被捕入獄。服役中雖然成功通過司法考試，但因爲有前科，所以沒辦法擔任法官或檢察官。

一九八二年，他認識了以人權律師聞名釜山的盧武鉉（後爲總統），並尊敬他爲「人生的兄長」。兩人一起開律師事務所，以代表釜山的在野人權律師活躍於業界。

二〇〇二年，盧武鉉獲得挑戰總統選舉的機會，文在寅也加入盧武鉉候選人的選舉陣營。盧武鉉政權上任後，文在寅則擔任總統府祕書室的民政首席。二〇〇九年五月盧前總統自殺後，他以「繼承盧武鉉的政治」，正式投身政界。

二〇一二年四月，文在寅參選第十九屆總選舉釜山選區，當選國會議員。接著在同年十二月舉行的第十八屆總統選舉，以在野黨唯一候選人之姿參選，但輸給朴槿惠約一百萬票。在那之後，他以「共同民主黨」最大派系「親盧團體」的領導活躍於政壇。

因朴槿惠總統的彈劾成立而舉行的總統選舉，主導「燭光示威」的市民團體及勞動團體支持文在寅候選人。而保守派系則有二位候選人，分散了保守派的票，因此文在寅候選人以四十一・一%的得票率當選總統。

所得主導政策的失敗

文在寅政權爲了同解決韓國經濟低成長及社會兩極化的問題，企圖改變經濟思維。簡言之，就是擺脫金大中政權以來的新自由主義，政府以財政政策建立「大政府」，同時實現所得分配與經濟成長。

具體來說，提出了三個方向，分別是「所得主導成長」、「革新成長」及「公正經濟」。「所得主導成長」的概念是，低所得者的所得增加，消費就會增加，進而擴大至企業的生產、投資及僱用，對整體經濟成長產生良好的循環。

這邊提到的所得主導成長，跟李明博政權施行的「涓滴政策」剛好相反，也稱作「噴泉效果」。「涓滴」經濟理論，是指大企業或有錢人的所得增加，就會投資更多，使得景氣變好，活絡整體經濟。就好比水由上往下流，也會流向低所得者，增加所得跟雇用，也能消除兩極化。日本的安倍經濟學也是類似的想法。

相反地，文在寅總統提出的噴泉效果，有如噴泉一樣往上噴，透過提升低所得者的收入，達到活絡景氣的目標。

具體的作法，將公部門的非正式員工降至零視爲首要目標。至於民間企業的情況，則透過制定政策減少非正式員工數量，或是讓非正式員工轉爲正職，將目前非正式員工比例二十・六%降至OECD平均的十一%。由政府帶頭積極雇用年輕人，如五年的任期之內增加十七萬公務員員額，公務機關增加僱用八十一萬人等方式。此外，更積極推動改善勞動環境，如將基本時薪提升至一萬韓圜，或是限制每週工時上限五十二小時等等。

另一方面，爲了促進消費，也推動減少家庭經濟負擔的政策。國民的生活「從搖籃到墳墓」由國家負責，在此一「包容國家」的口號之下，制定了諸多政策，如發放兒童補助、免費高中教育、提高基礎年金（提供給收入居於七十%以下，滿六十五歲以上高齡者的老人年金）、擴大醫療保險等等。爲了實現這些政策，每年增加七%的政府預算，朝向「大政府」邁進，並將預算優先使用在僱用及福利政策上。政權第一年的二〇一七年，預算規模爲四百兆五千億韓圜（約九兆二千一百一十五億新臺幣），到二〇二二年預計擴大至五百六十一兆韓圜（約十二兆九千零三億新臺幣）。

第二個方向「革新成長」，是指透過修改法規，幫助企業能夠順利推動以物聯網等科技爲主的第四次工業革命，因而帶動經濟成長的政策。所得主導成長將重點放在「需求端」，透過增加國民的收入主導經濟成長，相反地，革新成長則是將重點放在「供給端」，透過誘發企業的革新增加雇用，以達到經濟發展。

第三個方向「公正經濟」，目的是改善大企業及中小企業之間不公平的交易環境，防止財閥濫用經濟權力，以保障公平競爭，公正地分配成長的果實。具體的政策作法如改善財閥集團內的管理架構，阻止家族經營或不當的經營權繼承，禁止財閥集團內公司之間不當的交易或支援，透過國民年金積極介入財閥的企業經營等。

文在寅政權透過這些經濟政策，以「機會是平等的，過程是公正的，結果是正義的」，向韓國人民展現了韓國社會未來的新樣貌，重點爲實現成長及分配兩大政見。

然而，文政權執政年多，很快就因爲不成熟的經濟政策讓韓國經濟惡化，而飽受批評。其中，爲了實現於二〇二〇年之前將最低時薪提升至一萬韓圜的政見，兩年之內基本時薪上漲了三成，更成爲韓國經濟的致命傷。

不少自營業者因爲基本時薪上漲而關門。再者，許多韓國企業必須跟外國企業競爭，另一方面，卻因爲基本時薪上漲，加上實施每週工時五十二小時，導致人事費用增加。雙重壓力壓得不少企業喘不過氣來。有些企業決定將生產據點移至海外，甚至還出現企業將總部移至海外這種「逃離韓國」的現象。

當初文在寅政權計畫增加雇用，但是事情卻朝相反的方向發展，年輕人比之前更難找到工作。加上韓國企業因爲人事費用增加導致競爭力下降，各項經濟指標皆爲「IMF危機以來最糟」，或是「雷曼次債危機以來最糟」。

再加上文在寅政權討厭財閥與大企業的態度，也對景氣造成不良影響。韓國經濟特性爲出口導向，如果大企業失去活力，經濟就會走向崩潰。文在寅政權號稱改革財閥，但實際上是加強對財閥的控管，大企業因而減少積極性投資或研究開發等活動。

企業經營一旦惡化，稅收也會跟著減少，政府的財政也會惡化。結果「噴泉政策」主打的最低時薪一萬韓圜及每週工時五十二小時，卻使得低所得層的收入變得更少。

飽受國民與媒體批評的文在寅政權，改用「包容性成長」新詞。所謂的包容性成長，是透過完善社會福祉，如擴大安全網，以及強化「分配」消除社會的兩極化，「打造一個讓每個人皆能富足生活的包容國家」。

文在寅總統提到「包容性成長與新自由主義是相反的概念，是所得主導成長的上層概念」。根據文總統的解釋，只有少數人能夠獲得新自由主義的成長果實，多數人被排除在外，經濟成長就很難持續。相對地，包容性成長的果實，能夠平均分配給多數人，才能夠達到持續性的成長。

文在寅政權的「包容性成長」實驗，能夠解決韓國社會的不平等或兩極化嗎？以「燭光示威政權」自居的文在寅政權，在任期剩下一半的時間點，發起燭光示威的人們，也開始對文政權心存懷疑。

積弊清算加深韓國社會分裂對立

二〇一七年五月十日，就任總統的文在寅，在就職演說中，呼籲消除國民的對立。「現在在我腦海裡的美好藍圖，是開拓團結共存的新世界。我跟大家保證，今天將會成為歷史上國民眞正團結的日子。」

文在寅政權初期發表的「文在寅政權國政營運五年計畫」中，詳細記載了如何實現就職演說內容的戰略。①政府的主人是國民；②一同富足生活的經濟；③國家對國民的人生負責；④地區均衡發展；⑤和平與繁華的朝鮮半島。以這五個主題爲主軸，選定了一百項國政課題目的是爲了解決蔓延至韓國社會的經濟及社會的不均，透過南北間的和解，實現國民大團結與南北的和平。

然而，文在寅政權花最多力氣推動的政策是「積弊清算」。文在寅政權將政權誕生原動力的「燭光示威」視爲「革命」，不斷強調政權繼承燭光示威的精神。

因此，將前任的朴槿惠政權及李明博政權的所有作爲皆視爲「弊端」。爲了將其定罪而推行的「積弊清算運動」，被定位成首要處理的政策課題。在「青瓦臺」（韓國的總統府）的指揮之下，在政府的所有局處皆設置「積弊清算任務小組」，推翻過去近十年由保守政權推行的所有政策。

首先，韓國保守派的政治人物，因「積弊清算」被盯上。如兩位前總統朴槿惠及李明博，以及當年三位國會情報院院長，至二〇一八年二月爲止，總共有五十二名保守政權的相關人士被捕，其中四人自殺。

就任當時訴求「國民團結」及「跟在野黨合作」的文在寅政權，一上臺後就傾全力推行「積弊清算」。這導致了更嚴重的對立。在野第一大黨的自由韓國黨，跑到廣場高喊「打倒左派獨裁」，持續抗議文在寅政權。

在「積弊清算」之下推動的財閥改革，挑動了韓國人反財閥的情緒。文在寅政權經濟政策的根本認爲，在韓國以往經濟成長的過程中，成長的果實都由財閥及大企業獨占，中小企業沒能成長，特權及違法腐敗使得一般庶民的經濟基礎崩盤。經濟越成長，財富不均就更加嚴重。彷彿財閥跟大企業犯了「該被定罪的積弊」，財閥住所或辦公室遭到檢方搜索成了家常便飯。

文在寅政權執政二年半多，三星電子及集團關係企業，遭到檢方共十九次的搜索。三星集團李在鎔會長從二〇一七年二月至二〇一八年二月爲止共三百五十三天，被關進監獄。

經營大韓航空的趙家，「堅果公主」（長女趙顯娥）與「潑水公主」（二女兒趙顯旼）的霸凌讓全韓國人憤怒，不僅兩位女兒，包含父母姊弟在內，全家人都遭到調查。動員所有擁有搜查權的機關，如警察、檢察官、出入境管理局、海關、教育部、公平交易委員會、國土交通部、保健福祉部等，進行了共計十四次的住宅搜索，更申請了四次的逮捕令。除此之外，韓國三十大企業中，如現代自動車、樂天、LG、SK海力士、POSCO、新世界百貨、KT、CJ、芙蓉、大林、現代百貨、大宇建設等，大多都遭受過政府或檢方的搜索。

「積弊清算」不止於韓國國內，也成爲與日本發生摩擦的導火線。二〇一七年十二月，韓國外交部的積弊清算任務小組，認爲日韓兩國政府於二〇一五年十二月達成的日韓慰安婦協議，是「不適切的私下協議」。二〇一八年十一月，文在寅政權正式宣布解散「和解・平癒財團」，代表韓國政府實際上廢除日韓慰安婦協議。

還有另一個設置在最高法院內的「濫用司法行政權調查小組」，對朴槿惠政權與當時的最高法院提出質疑，針對徵用工的判決結果，認爲雙方之間有不當的「司法交易」。該小組懷疑當時的最高法院爲了讓判決結果對政府有利，曾經與政府討論過官司該如何判。而這個懷疑，也引起一連串司法的積弊清算工作，包含當時最高法院大法官梁承泰在內，多名法官遭到逮捕。接著，在文在寅政權任命的新任最高法院大法官金命洙的領導之下，韓國最高法院判決日本企業必須賠償徵用工。二〇一八年十月，判新日本製鐵（現新日鐵住金）必須賠償四名原告各一億韓圜。同年十一月，判三菱重工必須賠償十名原告各八千萬至一億五千萬韓圜不等。

這個判決結果對日本來說，徹底顚覆了兩國之間於一九六五年簽署的日韓基本條約架構。此後，日韓關係持續惡化，到了二〇一九年夏天，甚至發展成日韓的貿易制裁戰。

由文總統所領導的韓國，並非如他於就職演說時提到「邁向團及與共存的道路」，而是走向摩擦與分裂的道路。文政權持續了兩年以上的積弊清算，更加深了韓國國民之間的意識形態爭論及跨區域、跨世代、跨階層的激烈對立。

過度的資本主義與爾後的大幅度修正。被政治操弄的韓國社會，彷彿遇難的船一般失去方向。

最後希望各位記住，如果政權誤入歧途，這在世界上任何一個國家都會發生。朝新自由主義邁進，或許就是日本近未來的模樣。

結語

我前往上智大學新聞研究所留學，是一九九三年的事情。當時，在韓國是「全面禁止」日本文化，但私下在年輕人之間成爲流行。我決定前往日本留學，也是因爲對日本文化有憧憬。

韓國的大學生，靠著路邊攤買來的盜版錄音帶享受日本音樂。在年輕人最愛的鍾路商圈，播放 X JAPAN 音樂錄影帶的音樂咖啡廳廣受歡迎，明洞巷內的書店販賣的「an.an」「non-no」等日本時尚雜誌，擄獲了年輕女性的心。報紙則時不時刊登「對年輕人傾心於日本文化感到戒愼恐懼」的報導。

然而，我來到日本最令我驚訝的是，日本人對於鄰國的韓國不太了解。留學時期，我在 NHK 愛宕山放送文化研究所打工，在那邊遇到的人們都對來自韓國的我相當親切。但是，從與他們的交流之中，我實際感受到日本人對韓國不太關心，也不瞭解。

「韓國也有小番茄嗎？」「你有吃過哈密瓜嗎？」「韓國人眞的都每天吃泡菜嗎？」「你是從韓國坐船來日本的嗎？」

經過了二十六年的現在，韓國與日本對彼此國家的關心來到了前所未有的高點。但是這份關心卻是朝著負面的方向。

對韓國毫不關心的日本人，對文在寅政權提出反日政策，強調北韓是同胞有危機感，因而表現出「反韓」的情緒。

而韓國也是從文在寅政權之後，兩國之間尚未解決的歷史問題及領土問題，被以放大鏡檢視，更發生如旭日旗及排除於白名單之外等新的摩擦，「反日」情緒達到最高峰。

在這樣的情況下，我希望韓國人能夠認知到國家內部出現分裂的現狀，爲了克服這樣的狀況，儘快修復與同爲資本主義的民主鄰國＝日本的關係。當然也是必須解決貿易等棘手的問題，除此之外，韓國社會所面臨的各種問題——如少子化、考試競爭、高齡化等，很多地方都能夠像先進國「前輩」的日本取經。

同時也希望日本人能夠深入理解韓國社會發生的問題。更希望日本能幫助韓國解決這些問題。雖然日韓關係被稱作是戰後最糟，但只靠「反韓」與鄰國交往，是無法解決問題的。希望未來兩國的關係是能夠彼此信任、相處和睦的鄰居。我是出於這樣的想法寫了這本書。

當前嚴峻的兩國關係下，向接受本書採訪的各位致上最深的謝意。最後向主耶穌基督致謝，感謝他總是點亮我前進的道路。

堅信日本與韓國共同攜手邁向未來——

二〇一九年十月一日

金敬哲

參考文獻

【書籍】

金成九『新自由主義與共謀者們』Narum Books，二〇一四年

全炳儒，申振昱『多重格差，韓國社會的不平等構造』Paper Road，二〇一六年

韓宗洙，姜熙容『江南的誕生——大韓民國的心臟都市是如何誕生的?』Miji Books，二〇一六年

首爾歷史博物館『大峙洞——私教育一番地（二〇一七生活文化資料調查）』首爾歷史博物館，二〇一八年

三星社會精神健康研究所『無法向任何人吐露的眞心』韓國經濟新聞社，二〇一七年

鄭城浩『中年的社會學』Salim，二〇〇六年

【報紙、雜誌】

徐文基「韓國的壓縮成長：光與影（收錄於「東亞財團的政策論爭」）」東亞財團，二

○一四年十月七日

金瑕均「盧武鉉、李明博、朴槿惠政權的教育政策與教訓」（刊登於 https://21erick.rog/edu/「改變教育的人們」），二○一三年十一月二十一日

「對私教育共和國『地標』湧現慾望」時事 Journal 二○一三年十二月十日

「我們該如何面對通貨危機及金融危機」韓民族電子版二○一九年八月四日

「二十年前的當時，二十年後的現在」京鄉新聞電子版二○一七年十一月二十四日

「韓國人的幸福指數倒數第一，你呢？」亞洲經濟電子版二○一八年十二月十三日

「金泳三、金大中、盧武鉉政府的教育政策比較」東亞日報電子版二○○九年十月一日

「私教育的聖地、大峙洞補習街小學生的書包重量是多少？」韓國先驅經濟電子版二○一二年十月八日

「九十四%的人認爲『最公正的選考方式是大考，應該要增加定時入學的名額』」朝鮮日報電子版二○一七年十一月一日

「比醫學院還貴的英語幼稚園，一年要一千一百五十萬韓圜」文化日報電子版二○一九年九月三十日

「四百萬韓圜保證就業，讓求職準備生哭泣的求職補習班」首爾經濟新聞電子版 二○

一八年六月十四日
「十位國考生中，有七人患憂鬱症，迫在眉睫的『考試廢人』對策」e-daily 電子版二〇一六年四月十一日
「行蹤不明的國考生被發現死亡，國考生的悲劇何時結束」亞洲經濟電子版二〇一八年六月十一日
「四十九歲被任命爲大企業的董事，五十四歲退職」韓民族電子版二〇一八年十一月二十八日
「中年考試」首爾經濟電子版二〇一八年十月二十八日
「搭地鐵去哪？爺爺去鍾路三街站，奶奶去清涼里站」韓民族電子版二〇一八年七月十八日
「最高齡九十三歲，十位駕駛中四位是六十五歲以上的高齡者」Digital Times 電子版二〇一九年六月三十日
「小學高年級轉學至江南——在大峙洞的小學，一年級五班，六年級十一班」中央日報電子版二〇一八年一月二十二日
「嘲笑深夜補習的取締？新學期的大峙洞補習街是『不夜城』」每日經濟新聞電子版二

○一八年三月四日

「貧窮、孤獨、生病，候鳥爸爸的三重苦」先驅經濟電子版二○一三年三月十二日

「最長時間利用的APP第一名是YouTube——十~十九歲爲四十一小時，五十歲以上也有二十小時」韓民族新聞電子版二○一九年九月十日

「被隱藏的箭——在網路這層面紗之下的『嫌惡老人』」世界日報電子版二○一九年四月一日

「監察現場『十名老人之中，只有四人能夠領到國民年金』」Money Today電子版二○一九年十月十日

「零用錢年金?——領取年金者的七十八%，每個月低於五十萬韓圜」NEWS 1電子版二○一九年五月二十九日

「老後資金缺口，日本爲二億韓圜——韓國是三億韓圜」朝鮮日報電子報二○一九年六月十八日

View 129

無限競爭，無限痛苦的畸型社會：韓國

韓国 行き過ぎた資本主義「無限競争社会」の苦悩

作　者—金敬哲
譯　者—許乃云
主　編—李國祥
企　畫—吳美瑤
編輯總監—蘇清霖
董事長—趙政岷
出版者—時報文化出版企業股份有限公司
一〇八〇一九臺北市和平西路三段二四〇號三樓
發行專線—（〇二）二三〇六—六八四二
讀者服務專線—〇八〇〇—二三一—七〇五
（〇二）二三〇四—七一〇三
讀者服務傳真—（〇二）二三〇四—六八五八
郵撥—一九三四四七二四時報文化出版公司
信箱—一〇八九九臺北華江橋郵局九九信箱
時報悅讀網—http://www.readingtimes.com.tw
電子郵箱—genre@readingtimes.com.tw
法律顧問—理律法律事務所　陳長文律師、李念祖律師
印　刷—綋億印刷有限公司
初版一刷—二〇二三年四月二十一日
定　價—新臺幣三八〇元

時報文化出版公司成立於一九七五年，
並於一九九九年股票上櫃公開發行，於二〇〇八年脫離中時集團非屬旺中，
以「尊重智慧與創意的文化事業」為信念。

無限競爭,無限痛苦的畸型社會：韓國 / 金敬哲著；許乃云譯. -- 初版. -- 臺北市：時報文化出版企業股份有限公司, 2023.04

面；　公分. -- (View；129)
ISBN 978-626-353-723-1(平裝)
1.CST: 社會 2.CST: 社會問題 3.CST: 階級社會 4.CST: 韓國

540.932　　112004998

ISBN 978-626-353-723-1
Printed in Taiwan